Muérdeme

Miguel Ángel Rincón Gafo

Edi numen

Lecturas en español de
ENIGMA Y MISTERIO

Miguel Ángel Rincón Gafo (Madrid, 1973) es licenciado en Filología, especializado en Teoría de la Literatura y Literaturas Comparadas por la Universidad Complutense de Madrid, aunque su trayectoria profesional lo apartó pronto de la crítica literaria para acercarlo a la enseñanza del español y el periodismo. Su trabajo como profesor de español como lengua extranjera se inició en Dublín, donde fue profesor asociado del Instituto Cervantes antes de viajar a Chile y continuar allí impartiendo clase a ejecutivos y profesores de idiomas de otras lenguas durante varios años. Actualmente vive en Barcelona, donde continúa su labor docente compatibilizándola con su trabajo como escritor y periodista especializado en vinos, viajes y gastronomía. En este campo, es colaborador habitual de varias publicaciones nacionales e internacionales, además de haber escrito y de haber participado en varios libros de enseñanza ELE.

ISBN: 978–84–9848–375–8 (con CD)
ISBN: 978–84–9848–374–1
Depósito Legal: M–965–2012
Impreso en España
Printed in Spain

Coordinación de la colección: Manuel Rebollar
Edición: Sonia Eusebio

Diseño de portada: Juanjo López
Diseño y maquetación: Ana Gil
Ilustraciones: Carlos Yllana
Fotografías: Archivo Edinumen

Impresión:
Gráficas Glodami. Coslada (Madrid)

1.ª edición: 2012
2.ª impresión: 2013

Editorial Edinumen
José Celestino Mutis, 4. 28028 – Madrid
Teléfono: 91 308 51 42
Fax: 91 319 93 09
e–mail: edinumen@edinumen.es
www.edinumen.es

Índice

ANTES DE LA LECTURA

1. El título de esta novela es *Muérdeme*. ¿Qué te sugiere ese título? Coméntalo con tus compañeros.

2. La historia que vas a leer se desarrolla fundamentalmente en Salvador de Bahía. Busca en Internet imágenes sobre la ciudad.

   Después de ver esas imágenes, intenta describir brevemente lo que más te llama la atención de la ciudad.

3. Salvador es la capital del estado de Bahía. Conoce un poco más sobre ella buscando información en Internet.

   Google

   los mejores destinos de Salvador de Bahía

   Ahora, responde a las siguientes preguntas indicando si son verdaderas o falsas:

	V	F
a) Salvador de Bahía tiene una fuerte influencia histórica y cultural africana.	☐	☐
b) En Salvador de Bahía no hay buenas playas donde bañarse.	☐	☐
c) Las guías de viajes recomiendan no viajar a Salvador de Bahía en Carnaval.	☐	☐
d) Uno de los aspectos más atractivos de la ciudad es su cultura musical.	☐	☐

4. El protagonista de esta novela viaja a Salvador pocos días antes del inicio del Carnaval. Introduce en el buscador de *www.youtube.com* las palabras «Carnaval Salvador de Bahía» y mira algunos de los vídeos que ofrece la web.

YouTube

Resultados de búsqueda de carnaval «Salvador de Bahía» Aproximadamente 5770 resultados

4.1. ¿Qué diferencias hay entre el Carnaval de Salvador de Bahía y la forma en la que se celebra el Carnaval en tu ciudad? Justifica tu respuesta.

....

....

....

....

5. Lo habéis decidido en clase. Este año viajaréis a Salvador de Bahía. Ahora, cada uno de vosotros tendrá que encontrar las mejores opciones para el viaje. Busca en Internet y debate con tus compañeros hasta alcanzar un acuerdo acerca de:

- El vuelo de ida y vuelta desde vuestra ciudad.
  - *a)* ¿Quién ha encontrado el más barato?
  - *b)* ¿Cuánto tiempo tarda?
  - *c)* ¿Se ajusta a las fechas más convenientes para hacer el viaje todos juntos?
- Un hotel para una semana.
  - *a)* ¿Cuánto cuestan las habitaciones?
  - *b)* ¿Qué ventajas ofrece su ubicación en la ciudad?
  - *c)* ¿Qué otros servicios te han hecho elegirlo: desayuno incluido, piscina, gimnasio…?

6. *Muérdeme* tiene como protagonista a un joven que trabaja en un programa de radio especializado en música brasileña.

a) ¿Qué estilos de música brasileña conoces?

b) ¿Puedes escribir el nombre de algún músico brasileño famoso?

“Sao demais os perigos desta vida”.

I

LLEGABA tarde, como siempre que tengo que tomar un avión. Por suerte, las calles estaban vacías y el taxi me llevó al aeropuerto con el tiempo justo para **facturar** mi equipaje. Atravesé el control de seguridad tan rápido como pude y me dirigí a la puerta B 37, tal como indicaba mi **tarjeta de embarque**. Apenas quedaban ya diez o doce pasajeros por subir al avión cuando llegué a la cola. Delante de mí había una chica que debía tener dos o tres años menos que yo. Era mulata, muy guapa. Llevaba un vestido de colores, muy ligero, demasiado. Estábamos en Madrid en el mes de febrero y hacía frío. Imaginé que llevaría algún abrigo dentro de su bolsa de viaje. Me fijé en su maleta, era una de esas con ruedas que pueden subirse a la cabina del avión; curiosamente era idéntica a la mía, de la misma marca y el mismo color.

–Casi no llego –le dije sonriendo en un momento en que se giró hacia mí.

No me contestó. Continuó avanzando hasta que llegó su turno. La azafata revisó su billete y su pasaporte, después los míos. Éramos los últimos. Caminé siguiendo sus pasos hasta el avión y después por el pasillo central de este, **esquivando** a otros pasajeros que todavía colocaban sus bolsas y chaquetas en los **portaequipajes**. También compartíamos plaza. Ella ocupaba la 23 D, pasillo. Yo la 23 E, en el centro, entre la chica y un señor bastante gordo que

---

Facturar: entregar el equipaje a la compañía aérea para su traslado hasta nuestro destino.

Tarjeta de embarque: documento que permite entrar en el avión. Indica la plaza que debemos ocupar.

Esquivar: hacer un movimiento para no chocar con algo o alguien.

Portaequipajes: lugar donde se guarda el equipaje durante un viaje. En los aviones están sobre los asientos.

ya estaba sentado junto a la ventana. Esperé mientras ella colocaba su maleta y coloqué después la mía al lado de la suya. Le pedí permiso para pasar hasta mi sitio y me senté. Por alguna razón sentía la necesidad de hablar, creo que estaba nervioso. El hombre de la ventana había cerrado los ojos, parecía que **pretendía** hacer todo el viaje durmiendo, así que volví a intentar hablar con ella.

–¿Eres brasileña?

–Sí –me contestó.

–Es la primera vez que viajo a tu país, ¿sabes?

–No hablo bien el español –me dijo con un perfecto **acento castellano.**

Era evidente que no tenía interés en conversar conmigo, pero yo no podía callarme. Hacía años que soñaba con estar ahí, sentado, escuchando cómo el avión encendía sus motores para despegar hacia Brasil.

–Yo tenía un programa de radio –empecé a contarle; en realidad, no sé si hablaba para ella o para mí mismo–. La emisora era pequeña, pero me gustaba trabajar allí. Ponía discos de música brasileña todas las noches. Pero un día me llamó mi jefe y me dijo: "Mira, Julio, se nota que **tienes buen gusto**, pero también que eres demasiado joven y que lo único que conoces de Brasil son esos discos **que te pasas la vida escuchando**. Sabes mucho, pero no conectas con los oyentes. Para dirigir un programa de radio no solo hay que saber, hay que entender las canciones. Si quieres dedicarte a esto, aprovecha el cheque que te darán en la oficina de administración y ve a Salvador de Bahía o a Río de Janeiro. Pasa un tiempo allí, conoce a su gente, siente Brasil. Volverás convertido en un auténtico profesional y tu programa funcionará. Ya lo verás". "¿Y por qué van a darme ese cheque?", le pregunté, inocentemente. "Porque estás despedido", me contestó él.

Pretender: intentar, tener intención de algo.

Acento castellano: de Castilla, una región de España.

Tener buen gusto: saber reconocer las cosas buenas, en este caso la música.

Pasarse la vida haciendo algo: hacer mucho una cosa.

En ese momento pasó una azafata junto a nosotros. Llevaba un cesto lleno de **auriculares**. La chica le pidió unos y los conectó.

–Perdona –me dijo mientras se los colocaba en los oídos.

–Sí, por supuesto –dije yo, entendiendo el mensaje.

Me habría encantado seguir hablando, pero con quién. El señor de la ventana **roncaba** ya, aunque acabábamos de despegar, y la chica se había girado hacia el pasillo y **fingía** dormir también con los auriculares puestos mientras apretaba en su mano un **amuleto** que colgaba de su cuello. Pensé en levantarme y buscar alguna excusa para charlar con la azafata que acababa de pasar. Después de toda una vida estudiando la música de Brasil, me dirigía a Salvador de Bahía, la ciudad de Dorival Caimmy y Gilberto Gil, el lugar donde había crecido Caetano Veloso, donde había vivido Vinicius de Moraes... Era el momento más importante de mi vida y nadie quería escucharme. Por suerte pusieron una película aburrida y me tranquilicé viéndola. Tanto que yo también me dormí.

Auriculares: aparatos que se colocan en los oídos para escuchar música o películas.

Roncar: hacer ruido mientras dormimos.

Fingir: actuar ocultando nuestra identidad o nuestra intención.

Amuleto: objeto al que se atribuye un poder supersticioso.

II

LA voz del piloto me despertó:

–¡Señores pasajeros, mantengan la calma y abróchense los cinturones. Estamos atravesando una tormenta!

Todo temblaba a mi alrededor. Se escuchaban ruidos, golpes, alarmas. Parecía que el avión iba a romperse. De pronto sentí cómo mi cuerpo saltaba hacia el techo. Por suerte el cinturón me **retuvo**. Miré al señor gordo. Tenía los ojos muy abiertos, sudaba, estaba muy asustado, decía algo en voz muy baja. Detrás de él, a través de la ventana, me pareció ver unas manchas negras que iban y venían en torno al avión volando a una enorme velocidad. ¿Nos habíamos cruzado con una **bandada** de aves migratorias? Imposible a esa altura. El avión saltó de nuevo y yo con él, en mi asiento. Me apreté el cinturón tanto como pude. Me giré hacia el pasillo. La chica miraba al frente y se agarraba con fuerza a los **reposabrazos**. La cabina se estremecía. Se escuchaban las exclamaciones de algunos pasajeros nerviosos.

–¡Señores pasajeros, en unos segundos atravesaremos la zona de **turbulencias** y todo volverá a la normalidad. Permanezcan sentados en sus...!

El piloto no pudo terminar su frase. En ese instante pareció que el avión se partía en dos. Un **chirrido** metálico, como un inmenso

---

Retener: detener, contener.

Bandada: grupo de aves que vuelan juntas en una misma dirección.

Reposabrazos: parte de un asiento que sirve para colocar los brazos.

Turbulencias: movimientos que se producen en un avión cuando atraviesa una tormenta.

Chirrido: ruido muy agudo.

arañazo sobre el metal, atravesó toda su estructura. Un par de niños empezaron a llorar. Las voces tímidas del principio se transformaron en gritos de pánico. Un hombre se levantó de su asiento algunas filas delante de mí y una nueva **sacudida** del avión le hizo estrellarse de cabeza contra el techo. Cayeron las máscaras de emergencia. Las azafatas comenzaron a recorrer el pasillo central agarrándose con todas sus fuerzas a los asientos, daban instrucciones a quienes no sabían utilizar las máscaras de oxígeno sobre cómo ajustárselas. Yo me puse la mía. El señor gordo también. La chica no, seguía mirando hacia el frente.

–¡Ponte la máscara! –le grité.

No sé si me oyó. Para entonces todos los pasajeros gritaban aterrorizados. Las azafatas habían desaparecido. El motor izquierdo emitía un sonido muy agudo. El avión descendía muy rápido inclinado hacia delante. ¡Estábamos cayendo! Nunca **he sido creyente**, pero empecé a rezar. Todo vibraba. Los portaequipajes se abrieron y maletas, bolsas y chaquetas salieron volando por los aires. Mi propia maleta y la de la chica también. Entonces ella se volvió loca; desabrochó su cinturón y se levantó para ir en busca de su equipaje. Era imposible recuperarlo en ese momento, había **salido despedido** en dirección a la cabina de los pilotos. La retuve agarrándola por un brazo. Recuerdo haber gritado:

–¡No te levantes! ¡Quédate sentada!

Y que ella me miró fijándose realmente en mí por primera vez y **me hizo caso**. Volvió a su asiento y se abrochó de nuevo el cinturón. Íbamos a **estrellarnos**, pero lo haríamos en nuestros asientos. Un impulso inconsciente me llevó a coger su mano cuando se sentó. Estaba helada. Ella, con su otra mano, apretó el amuleto que colgaba de su cuello y pareció tranquilizarse con él entre sus dedos.

Arañazo: resultado de arañar algo, rasgarlo con las uñas o con algo afilado.

Sacudida: movimiento violento.

Ser creyente: tener creencias religiosas.

Salir despedido: salir volando, desplazarse por el aire de forma brusca.

Hacer caso a alguien: prestar atención, aceptar una opinión.

Estrellarse: chocar violentamente.

El avión caía. Los pilotos ya no **se molestaban en** tranquilizar a nadie. "Voy a morir sin conocer Brasil", pensé.

Y entonces el avión recuperó suavemente la posición horizontal. El motor dejó de silbar y los temblores desaparecieron. Todavía se escuchaban gritos. Muchas personas lloraban. El señor de la ventana también lo hacía. Volví a mirar a través de la ventanilla: aquellas aves, o **lo que fueran**, ya no estaban allí.

–Señores pasajeros, permanezcan sentados en sus asientos. Ya hemos atravesado las turbulencias y todo está en orden. Las azafatas se encargarán de colocar sus objetos personales en los portaequipajes. Aterrizaremos en Salvador de Bahía dentro de una hora. Por favor, disculpen las molestias.

Tardé un tiempo en **darme cuenta de** que el peligro había pasado. Durante unos segundos todo estuvo en silencio. Después comenzaron a escucharse algunos aplausos y las primeras voces que celebraban nuestra salvación. Miré mi mano, todavía estaba sobre la de la chica. La solté. Ella no hizo ningún gesto. Algunas personas empezaron a levantarse para ir a abrazar a familiares o amigos que estaban sentados lejos de ellos. Se oían llantos nerviosos mezclados con risas y gritos de alegría. ¡Estábamos vivos! El hombre gordo de la ventana se giró hacia mí y me abrazó. Cuando me soltó quise hacer yo lo mismo con la chica, pero ella permanecía indiferente a la alegría general.

Molestarse en hacer algo: hacer algo difícil o incómodo por alguien o algo.
***Lo que* + subjuntivo:** construcción que indica una hipótesis indeterminada.
Darse cuenta de: tomar conciencia de algo.

III

MIENTRAS descendíamos hacia Salvador, todos los pasajeros de aquel avión pensábamos que acabábamos de **volver a nacer**. Bueno, todos no. La chica se mantuvo en todo momento pendiente de la recuperación de su maleta y solo se relajó cuando vio a la azafata colocarla en el mismo sitio donde ella la había dejado antes de iniciar el vuelo. La mía la colocaron bastante más lejos, unas diez o doce filas delante de mi asiento.

Por fin aterrizamos y pudimos abandonar el avión. Nos dirigimos a la zona de recogida de equipajes tras atravesar el control de pasaportes. Mi otra maleta, la que había facturado, fue de las primeras en salir en la **cinta**. La puse en un carrito junto con la de mano y me dirigí hacia el exterior tras despedirme con un nuevo abrazo del señor gordo de la ventana. Después de la experiencia que habíamos compartido parecíamos **amigos de toda la vida**. La chica caminaba delante de mí. Yo sentía en ese momento una especie de simpatía universal, así que aceleré el paso para ir a despedirme también de ella. Sin embargo, el espectáculo que se presentó ante mí en el vestíbulo de llegadas del aeropuerto, nada más superar la puerta de salida de pasajeros, me hizo olvidar mi propósito.

Sabía que las fechas del Carnaval estaban cerca, pero no imaginaba que vería una exhibición del colorido de esa fiesta nada más

---

Volver a nacer: expresión que indica que se ha superado una dificultad muy grave.

Cinta de equipajes: mecanismo por el que salen los distintos equipajes de un vuelo en el aeropuerto de llegada.

Ser amigos de toda la vida: amigos que se conocen desde la infancia.

entrar en el país. Había allí, en la zona donde familiares y amigos esperaban a los pasajeros, una multitud vestida con ropas de todos los colores. El grupo más llamativo lo formaban veinte o treinta personas, hombres y mujeres, que cantaban y bailaban de un modo peculiar y ocultaban sus **rostros** tras unas máscaras que imaginé relacionadas con algún rito del ***candomblé***. Cuando me detuve a observarlos, contemplé cómo aquel grupo de gente se movía en la misma dirección hacia la que iba la chica.

De pronto tuve una sensación extraña. En realidad, no se celebraba una gran fiesta en ese vestíbulo. A la vez que esa gente bailaba y se movía, había otras muchas personas que los miraban con desconfianza, incluso con miedo, mientras ellos se acercaban cada vez más a mi compañera de asiento en el avión. **En un momento dado**, ella se vio rodeada y pareció querer salir del centro del círculo que se había formado a su alrededor, pero los bailarines se juntaron más entre sí y dejé de verla. Me dirigí hacia allí. Algo raro estaba pasando. Entonces, una mujer se cruzó en mi camino.

–¿Vienes a Brasil por el Carnaval?– me preguntó al tiempo que se colocaba delante de mí, obligándome a detenerme.

Yo aparté la mirada del grupo de baile y la observé a ella. Llevaba un vestido rojo similar a una **túnica** árabe, pero de una tela muy delicada que permitía adivinar la belleza extraordinaria de su cuerpo.

–Sí –le contesté, sorprendido–. Bueno, no. En realidad vengo a conocer Brasil. El Carnaval es una coincidencia.

–Esta es la tierra de la felicidad y la belleza. Te gustará.

–Ya empieza a gustarme –le contesté admirando sus inmensos ojos verdes.

–Eres español, ¿verdad? –adivinó, sonriendo.

–Sí. ¿Cómo lo sabes?

Rostros: caras.

Candomblé: la más popular de las religiones afrobrasileñas.

En un momento dado: en un instante concreto.

Túnica: vestido muy amplio y ligero típico de los países árabes y africanos.

–Ja, ja, ja –se rió–. Yo sé muchas cosas. Y si pasas el tiempo suficiente en este país tú también llegarás a saber tanto como deseas.

–¿Quiénes son? –le pregunté señalando al grupo que se alejaba, recordando en ese momento a la chica a quien ya no distinguía entre ellos–. ¿Se trata de algún grupo de Carnaval?

–No. Su **danza** es mucho más antigua.

–Me ha parecido que rodeaban a una joven…

–¿Una amiga tuya?

–En realidad no. Solo hemos viajado juntos.

La mujer dirigió su mirada hacia los bailarines.

–Eso significa que la esperaban.

–Sí, pero había algo raro…

–Brasil es un país lleno de misterios. No intentes comprenderlos –me dijo mientras perdía de pronto todo interés en mí, se daba la vuelta y empezaba a caminar en la misma dirección hacia la que se había ido el grupo.

Apenas había dado dos o tres pasos cuando se detuvo, se giró de nuevo hacia mí y me miró detenidamente. Una idea relacionada conmigo parecía haber cruzado su mente.

–**Tal vez volvamos** a vernos –se despidió.

–Adiós…

Mientras esa mujer se iba, noté el extraño silencio que se había creado a nuestro alrededor. Los pasajeros continuaban saliendo, pero los familiares que los esperaban parecían tener prisa por marcharse de allí. Decidí ir en busca de un taxi. Era de noche.

Danza: baile.

***Tal vez* + subjuntivo:** indica una posibilidad de futuro.

IV

–Muy buenas noches, señor. **Espero que haya tenido** un buen viaje.

El recepcionista del hotel parecía un **tipo** simpático.

–Permítame ayudarle con su equipaje.

–No es necesario.

–Por favor. Es mi trabajo –me dijo, al tiempo que cogía mis dos maletas y se dirigía a la recepción. Una vez allí, cruzó hacia el interior del **mostrador** y abrió ante mí un libro enorme. –¿Podría mostrarme su pasaporte? Debo hacer el registro.

–Aquí lo tiene –le respondí entregándole mi documentación–. Gracias. Ha sido un vuelo difícil.

–¿Ha tenido algún problema?

–Yo ninguno. El avión bastantes. Casi nos matamos.

–Eso es terrible.

–Sí, lo es.

–Salvador de Bahía le hará olvidar esa experiencia negativa. Se acerca el Carnaval.

–Estoy seguro de que será así. ¿Ha terminado ya con mi pasaporte?

–Sí, señor. Aquí lo tiene. Lo acompaño a su habitación.

Caminé junto a él hasta el ascensor y desde allí a mi cuarto.

***Espero que* + subjuntivo:** indica un deseo.

Tipo: sinónimo coloquial de hombre.

Mostrador: en hoteles y oficinas, superficie que separa al cliente del empleado.

La habitación era pequeña, pero cómoda y limpia, con vistas a la playa. Como nunca había estado en un hotel yo solo y menos con un recepcionista tan amable, que me llamaba señor **pese** a tener aproximadamente la misma edad que yo, no supe si debía darle propina. Decidí hacerlo como en las películas. Le di un billete cuando dejó las maletas junto a mi cama y él lo aceptó con una sonrisa.

–Buenas noches –se despidió.

–Gracias por todo. Buenas noches.

Me acosté. **Estaba agotado** y dormí profundamente.

Cuando desperté eran más de las diez de la mañana y el sol entraba en la habitación a través de la ventana. Me acerqué al cristal. La playa estaba llena de gente. Decidí ir a darme un baño inmediatamente después de desayunar. Abrí mi maleta para sacar el bañador y entonces me encontré con una sorpresa desagradable. Había algunos vestidos y algo de ropa interior femenina dentro, un abrigo y una caja de madera cerrada con clavos. Después de tanto preocuparse, aquella chica había confundido su maleta con la mía.

Me enfadé. Dentro de mi equipaje de mano llevaba algo de ropa, un par de libros y el **neceser**, todo ello **prescindible**, pero también el ordenador portátil y la cámara fotográfica que había comprado con el dinero de los primeros cheques que cobré por mi programa de radio. Sin duda mi viaje había empezado mal, pero intenté quitarle importancia a aquel **contratiempo**. Ya encontraría la forma de recuperar mis cosas, de momento necesitaba desayunar, tenía mucha hambre. Me duché y bajé al comedor. Para llegar hasta él debía pasar por delante del mostrador de recepción. El recepcionista continuaba allí. Me pregunté si dormiría en el hotel.

–Buenos días. ¿Ha descansado? –me saludó.

Pese a : a pesar de, aunque.

Estar agotado: estar muy cansado.

Neceser: caja o apartado especial dentro del equipaje que se utiliza para llevar los objetos de aseo.

Prescindible: algo de lo que se puede prescindir, que no es absolutamente necesario.

Contratiempo: hecho negativo.

–Sí. He dormido muy bien, pero parece que me persigue la mala suerte.

–¿Qué le ha ocurrido?

–Confundí mi equipaje de mano con el de otra pasajera.

–¿Llevaba cosas valiosas en su interior?

–Algunas.

El recepcionista reflexionó unos instantes.

–¿Usted me permitiría ayudarle a recuperar su equipaje? –me preguntó.

–Por supuesto –le respondí–, pero no sé cómo. Había una chica en el avión, sentada a mi lado. Nuestras maletas eran **idénticas**. Probablemente fue ella quien se llevó la mía, pero desconozco su nombre y no sé cómo podría localizarla.

–Sin embargo me conoce usted a mí. Me llamo Doménico, señor. Trabajo en este hotel únicamente para pagar mis estudios como investigador privado. Le ofrezco mis servicios. Son gratuitos. Me vendrá bien una investigación real para practicar mis conocimientos.

Aquello me hizo sonreír. Ese recepcionista, Doménico, me caía mejor cuanto más hablaba con él, pero no se parecía en nada a la imagen que yo tenía de un detective.

–Muy bien. Acepto tus servicios, pero con una condición. Yo me llamo Julio y tenemos prácticamente la misma edad. Si tú dejas de llamarme "señor" yo te contrato.

–Perfecto, señor... digo, Julio –pronunció mi nombre en voz baja y mirando hacia los lados. Imaginé que a sus jefes no les gustaría verle tratar a un cliente con tanta confianza–. ¿Recuerdas el número de identificación del vuelo?

–Claro. No lo olvidaré nunca. El 5225 de Iberia.

–Muy bien. Una cosa más, esa chica. Dices que estaba sentada a tu lado. ¿Viajaba sola?

Idéntico: exactamente igual.

–Sí.

–Excelente –Doménico **apuntaba** algunas cosas en una libreta–. Es suficiente por ahora. Permítame recomendarle… Perdón. Julio, permíteme recomendarte el desayuno de nuestra cafetería. Es uno de los grandes atractivos de nuestro hotel.

–Me alegra saber eso, porque tengo mucha hambre. Voy a probarlo inmediatamente. Hasta luego, Doménico.

–Hasta luego, señor –se despidió **guiñándome un ojo** mientras saludaba respetuosamente a un hombre vestido con traje y corbata que se acercaba en ese momento hacia él. Imaginé que sería el director del hotel.

Apuntar: escribir.

Guiñar un ojo: hacer un gesto cerrando un ojo en señal de complicidad.

V

DOMÉNICO tenía razón, el desayuno del hotel era estupendo. Aquella misma mañana cumplí mi deseo de ir a darme un baño a la playa. Desde entonces, me acostumbré a hacerlo cada mañana después del desayuno. Salvador me pareció una ciudad encantadora. Poco puedo decir de sus zonas más modernas, donde se concentran las mismas actividades de negocios que hay en cualquier otra ciudad actual; lo que a mí me sedujo desde el primer día fue el Pelourinho, su barrio más antiguo, donde todos los edificios recuerdan el **pasado colonial de Brasil**.

Me gustaba pasear por sus calles llenas de casas de colores, edificios **barrocos** y tiendas pequeñas en las que se vendía todo tipo de cosas. Por todos lados se veía siempre una animada mezcla de habitantes locales y turistas. Apenas salía de allí más que para ir a visitar algún museo o edificio concreto de los muchos que aparecían señalados en la guía que había tenido que comprar. En la maleta perdida también viajaba la guía.

Así transcurrió una semana. Prácticamente había olvidado ya aquella investigación que Doménico se había comprometido a realizar por mí para encontrar mi maleta y, aunque **echaba de menos** mi cámara y mi ordenador, eran tantas las cosas que me atraían de Salvador que no pensaba mucho en ello. Mi jefe tenía

---

Se llama **Brasil Colonial** al periodo histórico que abarca desde la llegada de los primeros europeos en 1500 hasta la independencia, en 1822, cuando Brasil estaba bajo el dominio socioeconómico y político de Portugal.

Barroco: estilo artístico característico del arte europeo del siglo XVII.

Echar de menos: extrañar algo que teníamos y hemos perdido.

razón. Yo mismo me daba cuenta de que solo entonces, estando allí, empezaba a comprender muchas de aquellas canciones, cantantes y discos sobre los que tanto había estudiado y hablado sin entenderlos.

Pero un día, al volver al hotel por la tarde, Doménico me detuvo en la recepción:

–Julio –me llamó mientras yo me dirigía al ascensor.

–Dime –le contesté dirigiéndome hacia él.

–Tengo una dirección. Ya sé dónde puedes encontrar a la chica que tiene tu maleta.

No me lo esperaba.

–¿Cómo la has conseguido?

–Te lo contaré después. Dentro de cinco minutos subiré a tu habitación y podremos hablar.

–De acuerdo –le dije.

Él sonreía satisfecho. Yo subí a mi habitación. En el momento en que terminaba de cambiarme de ropa oí cómo llamaban a la puerta. Abrí. Era él. Traía en la mano su libreta.

–¿Y bien?

–Te lo explicaré todo –me dijo abriendo esa libreta–. Ha sido muy difícil...

–Si encuentro esa maleta, tendré que reconocer que eres un gran detective.

–Puedes estar seguro de eso. Solo un profesional como yo fingiría ser un periodista de la televisión para conseguir la lista de pasajeros del vuelo. No se la dan a cualquiera. Tuve que prometerle a la mujer con quien hablé en el aeropuerto que la entrevistaría personalmente en mi reportaje televisivo. Le hice creer que una estrella de cine americana **viajaba de incógnito** en el avión y ella me envió los datos de los pasajeros y el número de teléfono de su casa en el mismo *mail*. "Llámeme a este número para la entrevista", decía,

---

Viajar de incógnito: viajar ocultando la identidad.

"estoy deseando saber quién es esa estrella de cine. Es ilegal entrar en el país con una identidad falsa".

–Brillante, Doménico. Empiezo a pensar que realmente eres el nuevo Sam Spade.

Él no pareció entender aquella referencia al protagonista de los relatos de Dashiell Hammet, pero siguió con su explicación.

–Lo demás fue fácil. Cuando tuve el listado empecé a comprobar los nombres de los pasajeros uno por uno. Todos tenían una dirección y un número de contacto al lado. Todos menos uno.

Me temí lo peor. Ahí estaba de nuevo mi mala suerte.

–¿Cuál?

–Se trata de una mujer que viajaba sola en el asiento 23 D, al lado de un tal...

–A mi lado. Es ella.

–Lo sabía –Doménico disfrutaba como un niño con su explicación–. Su nombre es María. María Dragoutin. Ese no es un apellido brasileño, desde luego.

–Y sin embargo ella me dijo que era brasileña, lo recuerdo.

–En cualquier caso, como te he dicho, no indicó ninguna dirección ni ningún teléfono al comprar su billete. Tuve algunas dudas, pero después se me ocurrió que si había venido a Salvador podía haber alguien aquí con ese apellido. Busqué en la guía de teléfonos y no encontré nada. Después busqué ese apellido en el **Registro de la Propiedad** y entonces encontré una casa de alguien llamado Johannes Dragoutin. Esa es la dirección que tengo para ti. Se encuentra en la **Ladeira do Desterro**, en el Barrio de Nazaré, muy cerca del centro.

–Conozco esa zona. He paseado por allí estos días.

Temerse lo peor: esperar que ocurra algo muy malo.

Registro de la Propiedad: institución donde se guarda toda la información acerca de la propiedad de los edificios de una ciudad.

Ladeira do Desterro: nombre en portugués de una zona de Salvador de Bahía. En español, Ladera del Destierro.

–Si esa chica vive aquí, esa debe ser su casa. O al menos debe pertenecer a algún familiar suyo. Solo tienes que ir a preguntar, aunque te recomiendo esperar hasta mañana. Nazaré, de día, es un barrio bonito, pero de noche puede ser peligroso y ya está anocheciendo.

–Todo lo que tenía de valor estaba en esa maleta y suelo dejar mi cartera en la habitación. Nadie puede robarme.

–Pero irás a por la maleta…

–No. Iré primero para comprobar si realmente vive allí. Si es así hablaré con ella. Confío mucho en ti, pero prefiero asegurarme. ¿Por qué no me acompañas?

–No puedo, lo siento. El director ya sospecha que no le dedico todo mi tiempo al trabajo en el hotel y últimamente desconfía de mí. Además, mi trabajo está hecho. Solo te pido una cosa, **ten cuidado**. Hay algo en todo lo que rodea a esa chica que no me gusta.

–**Descuida**, lo tendré.

Saqué un billete de mi cartera y se lo ofrecí.

–No es necesario –lo rechazó.

–Ya lo sé. Pero todo detective cobra por sus servicios.

–Está bien –lo aceptó finalmente–. Ahora te dejo. Llevo demasiado tiempo aquí.

Tener cuidado: tomar precauciones.

Descuidar: despreocuparse. No preocuparse por algo.

VI

Cuando salí del hotel ya era de noche. La luna llena dibujaba una circunferencia perfecta sobre el mar. Decidí ir caminando hasta la dirección que Doménico me había dado. Me encantaba recorrer de noche las calles de esa ciudad de la que ya había comenzado a apoderarse el espíritu del Carnaval. Constantemente se cruzaban en mi camino grupos de gente vestidos de fiesta o pasaba yo junto a jóvenes que practicaban la ***capoeira*** o hacían música en las calles. Ninguna otra ciudad del mundo está tan llena de música como Salvador.

Tardé casi una hora en llegar a Nazaré, porque mi hotel estaba en la playa, algo alejado del centro, y porque yo caminaba sin prisa. Cuando por fin alcancé aquel barrio me orienté con un plano que siempre llevaba encima hacia la Ladeira do Desterro. Las calles eran **empinadas** y estaban mal iluminadas. Me costaba mucho distinguir los números de las casas, algunas **ni siquiera** los tenían, pero por fin llegué a la dirección indicada.

Se trataba de un **caserón** muy viejo. Lo separaba de la calle un muro de **roca y cemento** que se elevaba hasta una reja de hierro muy alta. Había dos puertas. Una grande, para coches, que imaginé que conducía a un garaje, y otra pequeña, a su lado, para personas.

Capoeira: baile típico brasileño, muy practicado en Salvador de Bahía. Reúne características de la danza y las artes marciales.

Empinado: en cuesta, en pendiente.

Ni siquiera: tampoco.

Caserón: casa grande y vieja.

Roca y cemento: materiales de construcción, fuertes y resistentes.

Las dos puertas habían sido fabricadas con barras verticales de **hierro**, como la reja. A través de esas barras se veía una escalera que subía hacia la entrada principal de la casa. Encontré un timbre a un lado de la puerta más pequeña. Llamé, pero no escuché nada y nadie salió a abrirme. Pensé que aquel timbre podía estar **estropeado** y empujé la puerta, que **cedió** con un ruido de metal oxidado.

Subí los escalones de piedra que conducían a la entrada y busqué allí otro timbre, pero no encontré ninguno. Golpeé la puerta de madera con los **nudillos**. Nada. Todo en aquella propiedad hacía pensar que estaba abandonada. Me pareció inútil insistir y decidí marcharme, pero cuando iba a hacerlo escuché un ruido procedente del interior. Era evidente que había alguien dentro. Volví a llamar, esta vez con más fuerza, con tanta que la puerta, que estaba mal cerrada, se abrió.

Yo había visto muchas películas. Sabía que en un caserón abandonado cuya puerta se abre sola es mejor no entrar. Pero recordaba el extraño carácter de aquella chica y la **creía capaz** de estar allí dentro, oyéndome llamar y no abrirme, aunque para entonces ella ya debía saber que habíamos intercambiado nuestras maletas por error en el avión. Recordé mi ordenador, mi cámara, lo que había pagado por ambos aparatos. Reuní valor y entré.

Apenas estuve dentro supe que haber entrado allí era un error. Busqué un **interruptor** para encender la luz tocando la pared, pero no lo encontré. Olía muy mal, como a carne en descomposición, y no podía imaginar de dónde había venido el ruido que había escuchado. La oscuridad era casi absoluta. Solo un débil reflejo de la luna entraba por la puerta abierta y por los huecos que dejaban entre sí las tablas que cerraban las ventanas. Allí no vivía

---

Hierro: metal oscuro y duro.

Estropeado: roto, fuera de uso.

Ceder: abrirse.

Nudillos: punto en el que se unen los huesos de los dedos que sobresale cuando cerramos el puño. Con los nudillos llamamos a las puertas.

Creer capaz: considerar que alguien puede hacer algo.

Interruptor: mecanismo que sirve para encender y apagar una luz o un aparato eléctrico.

nadie desde hacía muchos años, pero yo había escuchado un ruido, estaba seguro.

Avancé alejándome de la puerta teniendo que **esquivar** algunos **bultos** que había en el suelo y que no pude identificar. Mis pasos hacían **crujir** el suelo de madera.

–¿María?

Nadie respondió, pero escuché de nuevo aquel ruido. Provenía del suelo, ahora estaba seguro. Continué caminando con mucho cuidado. No quería **tropezar** con ninguno de esos bultos y a medida que me adentraba en aquella primera habitación la luz se hacía más débil. Busqué una pared para avanzar apoyándome en ella y la encontré. Eso me permitió caminar con algo más de seguridad. Insistí:

–María. Soy tu compañero de vuelo. Intercambiamos las maletas.

Todo permaneció en silencio. "Aquello era absurdo", pensé. Decidí marcharme. Seguramente aquellos ruidos los provocaba algún animal. Allí no había nadie. Me dirigí hacia la puerta pero cuando estaba a un paso de ella una **corriente de aire** la cerró. Entonces sí que me asusté. Me lancé hacia esa puerta y giré su **picaporte** para salir de allí, pero al tirar de él se soltó. Traté de introducirlo de nuevo en el agujero de la puerta, pero estaba empezando a ponerme muy nervioso, no veía nada y no fui capaz de hacerlo. Pensé que sería más fácil salir por una ventana y me dirigí apoyado en la pared hacia la más cercana. Pisé uno de esos bultos. Era algo blando. Llegué a la ventana. Estaba **sellada** con grandes **tablones** de madera. Traté

Esquivar: evitar.

Bulto: objeto de forma indefinida.

Crujir: producir un ruido seco por contacto o presión.

Tropezar: dar con los pies en algo.

Corriente de aire: golpe de viento.

Picaporte: instrumento con el que se abren y se cierran las puertas.

Sellada: cerrada sin posibilidad de abrirse.

Tablón: tabla grande de madera.

de **arrancar** uno de ellos, pero no lo conseguí. Volví a escuchar el ruido bajo mis pies.

Había alguien allí abajo.

Guardé silencio. Con la puerta cerrada, la oscuridad era ahora casi absoluta y eso me permitió distinguir una luz débil que **se colaba** entre las maderas del suelo separadas por el tiempo y la humedad.

–¿María?

Noté cómo temblaba mi voz. Tenía que salir de allí. Volví hacia la puerta pero al llegar a ella me di cuenta de que había dejado el picaporte en algún sitio al intentar forzar la tabla de la ventana. ¿Dónde? Seguía viendo aquella luz. Tenía que **armarme de valor** y buscar el camino hacia esa planta baja. Recordé la segunda puerta que había visto al entrar, la del garaje. Debía haber otra salida allí abajo. Volví a caminar tocando las paredes. Entré en un cuarto sin ventanas, donde no se veía absolutamente nada. **Continué pegado** a la pared. Toqué una superficie de madera. Era otra puerta. La empujé y cedió a la fuerza de mi mano. Había tenido suerte: la puerta daba a una escalera débilmente iluminada por aquella luz. Distinguí los escalones y una **barandilla** que descendía junto a la pared. Empecé a bajar muy despacio apoyándome en ella. Quise volver a llamar a María...

Pero la voz no salía de mi garganta. La escalera giraba en espiral sobre sí misma. Creí que nunca llegaría a su final, pero por fin noté que la barandilla se terminaba. Estaba abajo. Miré al frente. Aquello no era un garaje, sino un sótano cerrado. En el centro había una mesa de madera y sobre ella una vela encendida cuya llama temblaba. Alrededor de la mesa los muros estaban llenos de herramientas

---

Arrancar: sacar, quitar algo con violencia.

Guardar silencio: permanecer en silencio. No hacer ruido.

Colarse: pasar por un lugar muy estrecho.

Armarse de valor: reunir el valor necesario para algo.

Estar o **continuar pegado a algo:** mantenerse muy cerca.

Barandilla: barra que sirve para apoyarse.

viejas, cajas y muebles cubiertos por sábanas. Avancé un paso hacia la mesa. El suelo estaba mojado. Di un segundo paso y pise otro de esos bultos. Miré hacia mis pies y esta vez reconocí lo que había pisado.

Un perro muerto con una herida terrible en el cuello.

Me pareció que el tiempo se detenía. La llama se movió y miré hacia la mesa. Necesitaba esa vela para salir de allí. Caminé hacia ella pisando el suelo mojado. Era sangre lo que pisaba, ahora lo distinguía. Cogí la vela y me giré hacia la escalera, pero al hacerlo vi un pequeño **entrante** en la pared en el que no me había fijado hasta ese momento. Allí, en el suelo, estaba la chica. Parecía dormida encima de algo grande que intentaba ocultar, pero no, no. No estaba dormida. Tenía los ojos abiertos y me miraba. Traté de decir algo. No pude. Aquello que había debajo de ella era un cuerpo humano.

–¿Qué haces aquí? –me preguntó.

Ni siquiera **se me ocurrió** contestar. Me di la vuelta tan rápido como pude para escapar de allí pero **resbalé** en el suelo mojado y caí al suelo. La vela se apagó. Me levanté. Escuché un ruido. Ella también se levantaba. Busqué las escaleras **a tientas** y subí tropezando con cada escalón en la oscuridad. Llegué a la planta principal. Giré la cabeza. La luz había vuelto a encenderse. Se movía. Ascendía por la escalera. Corrí hacia una de las ventanas pisando los bultos blandos que había en mi camino. Me caí un par de veces. Agarré uno de los tablones que cerraban aquella ventana y conseguí arrancarlo. Hice tanta fuerza que me caí hacia atrás con él en la mano. Un rayo de luz de luna entró por el agujero de la ventana y pude ver dónde había caído. A mi lado, junto a mi cara, un gato con los ojos muy abiertos me miraba. No, no me miraba. También estaba muerto. Me incorporé de un salto. La luz de la vela ya había alcanzado la entrada de la escalera. Ella iba a salir.

Entrante: una irregularidad que penetra en el interior de una superficie lisa.

Ocurrirse: pensar en algo repentinamente.

Resbalar: deslizarse.

A tientas: sin ver, al tacto.

Metí la cabeza por el hueco de la tabla arrancada y saqué todo el cuerpo después por ese estrecho agujero. Me corté con un cristal roto. Caí al patio exterior de cabeza, pero tenía tanto miedo que no sentí ningún dolor. Miré hacia atrás. La luz de la vela se aproximaba a la ventana desde el interior. Volví a ponerme en pie y corrí hacia la puerta. Escapé. Escapé corriendo sin detenerme y sin mirar atrás hasta encontrarme en el centro de la plaza de la Catedral, en medio del barrio colonial, rodeado de gente. Allí había luz. Allí pude volver a respirar.

Allí, en el suelo estaba la chica. Parecía dormida encima de algo grande que intentaba ocultar...

DURANTE LA LECTURA

VAMOS A DETENERNOS UN MOMENTO...

1. Después de leer los seis primeros capítulos, di si las siguientes frases son verdaderas (**V**) o falsas (**F**).

		V	**F**
I	*a.* Julio y la chica se conocían antes de llegar al aeropuerto.	☐	☐
	b. Las maletas de los dos eran iguales.	☐	☐
II	*a.* Julio y la chica estuvieron hablando animadamente.	☐	☐
	b. La chica quiso levantarse a por su maleta durante las turbulencias.	☐	☐
III	*a.* Cuando llegaron a Salvador a la chica la esperaba su novio.	☐	☐
	b. Julio habló con una mujer con los ojos verdes en el aeropuerto.	☐	☐
IV	*a.* Doménico le pareció a Julio un recepcionista muy simpático.	☐	☐
	b. Doménico estudiaba para convertirse en detective privado.	☐	☐
V	*a.* Julio fingió ser un reportero de la televisión para encontrar a la chica.	☐	☐
	b. Doménico encontró la dirección de alguien con el mismo apellido que la compañera de vuelo de Julio.	☐	☐
VI	*a.* La casa donde Julio encontró a la chica parecía abandonada.	☐	☐
	b. La chica saludó a Julio con un fuerte abrazo cuando le vio.	☐	☐

2. Parece que Julio no se esperaba lo que ha encontrado en esa casa. ¿Cómo crees que continuará la historia a partir de aquí? ¿Quién o qué crees que es esa chica?

3. Imagina que estás en la misma situación que él. Has perdido algo muy valioso y necesitas recuperarlo. La única pista que tienes te lleva a una casa oscura y deshabitada. No parece haber nadie dentro, pero escuchas un ruido y la puerta se abre ante ti. ¿Qué harías? Compártelo con tus compañeros.

4. Nuestro personaje ha visto en el caserón a la chica, varios animales muertos y el cadáver de una persona. Ahora imagina que eres tú quien tiene que narrar brevemente lo que ocurrió en ese lugar antes de la aparición de Julio. Tienes una protagonista (la chica), un decorado (la casa) y varios cadáveres (el hombre y los animales). ¿Qué sucedió allí dentro?

   4.1. Compara tu narración con las de tus compañeros y decidid cuál es la más original.

5. Julio le ha dicho a Doménico que parece que le persigue la mala suerte. ¿Crees tú en la mala suerte? ¿Alguna vez te ha perseguido a ti la mala suerte en un viaje? Cuéntales tu experiencia a tus compañeros.

6. Cuando Julio y Doménico se conocen, Doménico utiliza para hablar con Julio un tratamiento formal, habla con él de usted, mientras que Julio tutea al recepcionista y le pide que él también le trate de tú. En parejas, representad una situación en la que uno de vosotros es el recepcionista de un hotel y el otro un cliente. Los dos os tratáis formalmente, de usted. La conversación debe incluir:

   a. Saludos.
   b. Petición de documentación.
   c. Preguntas sobre el viaje.
   d. Preguntas sobre el país de donde viene el cliente.
   e. Comentarios sobre la ciudad donde está el hotel.
   f. Entrega de llave e indicación del número de habitación.
   g. Despedida.

VII

PERMANECÍ en aquella plaza un buen rato, tratando de comprender lo que había visto y tranquilizarme, pero no lo conseguí. Aproveché una fuente pública para lavarme lo mejor que pude y tomé un taxi para dirigirme al hotel. Tenía tanto miedo que no me atrevía a caminar por las calles. El taxista me dejó en la puerta y caminé sin mirar a los lados hacia el ascensor. Doménico salió a mi encuentro. Sonreía, pero dejó de hacerlo al verme la cara.

–¿Qué ha ocurrido?

–No lo sé –le contesté.

Era cierto. Ni siquiera sabía cómo explicarme yo mismo lo que había visto en aquella casa.

–¿Necesitas que llame a un médico, a la policía? Estás sangrando.

–No. La sangre no es mía. Bueno, no toda.

–Te acompañaré. Llamaremos a un doctor.

–¡No! –grité. Algunos huéspedes del hotel que pasaban por allí me miraron extrañados–. No –repetí en **voz baja**, mientras se abría la puerta del ascensor–, no necesito un médico.

Doménico subió conmigo. Yo no acertaba a abrir la puerta con la tarjeta. Él la abrió por mí. Entramos en mi cuarto.

–Ha sido horrible –fue lo único que pude decir.

–¿El qué? ¿Qué ha pasado?

Intenté tranquilizarme. Fui al baño a mojarme la cara. Cuando regresé traté de explicarle lo que había visto. Cuando terminé mi relato, él estuvo un rato pensando.

Voz baja: en un tono de voz débil.

–Dices que es una asesina. Que ha matado a un hombre.

–No sé si lo mató ella, pero el muerto estaba allí.

–¿Todavía tienes su maleta?

–Claro.

–¿La has abierto?

–Lo hice el primer día. No había nada raro en ella.

–No sabías qué buscar

–Ahora tampoco lo sé.

–Si se dedica a matar gente, podríamos encontrar pruebas de sus crímenes.

–Ahí está la maleta –le dije señalándosela–. Busca lo que quieras.

Doménico se apartó de mí y fue a buscarla. La abrió sobre la cama. Yo me acerqué a él.

–¿Lo ves? Nada. Solo ropa.

–¿Y esto qué es? –preguntó cogiendo en sus manos la caja de madera cerrada con clavos que yo ya había olvidado.

–No lo sé.

–Abrámosla –me dijo.

–No me parece una buena idea.

–Quién sabe lo que guarda aquí.

–No sé si quiero saberlo, Doménico.

–Déjame a mí –me apartó mientras se dirigía a un armario y volvía con una **percha** metálica en la mano–. Esto bastará para abrirla.

–No podrás hacerlo con eso –le dije mientras extraía de un bolsillo una **navaja suiza** que llevaba siempre conmigo en mis viajes–. Utiliza esto, te resultará más fácil.

–¡Perfecto! –exclamó.

Abrió la tapa en unos segundos. En su interior, envuelto en

Percha: objeto que se utiliza para colgar ropa.

Navaja suiza: un tipo de navaja plegable que suele tener múltiples herramientas también plegables.

trozos de tela, había un **frasco** de cristal. Tenía la forma de una botella de perfume muy antigua y estaba decorado con distintas imágenes en relieve. El **tapón** era dorado. Parecía de oro.

–¿Qué es esto? –preguntó Doménico acercando el frasco a la luz.

–Parece sangre –dije yo, observando el color rojo muy oscuro del líquido que había en su interior.

–Esto podría interesarle a la policía.

–Es cierto. Vamos a llevárselo. Ahora mismo.

–Espera un momento. Déjame pedirte un favor, Julio. Yo te metí en este problema encontrando esa dirección. Permíteme sacarte de él intentando explicar lo que ha pasado.

–¿Qué quieres hacer?

–Lo primero, esconder este frasco. Parece muy valioso y no sabemos si ella lo estará buscando. Después, investigar un poco más. Este podría ser mi gran caso. El misterio que todo detective necesita resolver para hacerse famoso.

–Es demasiado peligroso, Doménico. Tú no has visto lo que esa chica es capaz de hacer.

–Sé que es peligroso, pero confía en mí, por favor. Si compruebo que no puedo solucionar nada, iremos a la policía.

–De acuerdo, pero ¿dónde esconderás el frasco?

–Ven conmigo. Te lo enseñaré –dijo dirigiéndose hacia la puerta.

Seguí a Doménico hasta el ascensor y, una vez en él, vi cómo **pulsaba** el botón del sótano. Descendimos hasta aquel nivel del edificio. Yo nunca había estado allí. Olía a **lavandería** y a comida. Me guió hacia la puerta de un pequeño almacén y, cuando estuvimos dentro, encendió la luz, cerró la puerta y movió una estantería. Había otra puerta, pequeña, a la altura del suelo, que se ocultaba

---

Frasco: bote o recipiente pequeño, generalmente de cristal.

Tapón: objeto que cierra un bote o botella.

Pulsar: apretar un botón.

Lavandería: lugar donde se lava la ropa.

tras aquella estantería. Doménico se puso de rodillas, la abrió y dejó allí el frasco; después volvió a cerrarla, se levantó, colocó la estantería como estaba al principio y me dijo:

–Ya está. Nadie lo encontrará aquí.

–No me gusta esto, Doménico.

–Solo te pido un par de días. Si no descubro nada, te devolveré este frasco y te acompañaré a la comisaría.

–De acuerdo –le contesté, aunque sabía que estaba cometiendo un error.

–De acuerdo, pero ¿dónde esconderás el frasco?
–Ven conmigo. Te lo enseñaré

VIII

LA experiencia vivida en aquella casa cambió por completo mi forma de ver Brasil. Empecé a sentir miedo por todo. Solo salía de la habitación por las mañanas para ir a la playa. Comía en el hotel y paseaba únicamente por sus alrededores para volver a mi habitación **en cuanto anochecía**. Me arrepentía de haber dejado aquella pequeña botella en manos de Doménico. Pensaba que debía haber ido directamente a la policía a entregarla, pero algo me decía que la policía tampoco habría sido capaz de tranquilizarme.

Pasados dos días, le pregunté a mi amigo qué había descubierto.

–Nada –me contestó–. Fui a la casa, entré y estaba vacía. No vi ningún **rastro** de lo que me contaste. Ni animales muertos, ni **cadáveres** humanos, ni nada parecido, pero no te preocupes. Te creo. Encontré unos documentos de propiedad. ¿Sabes cuándo compró esa casa el hombre de quien te hablé, Johannes Dragoutin?

–**Ni idea**.

–En 1901.

–¿Y desde entonces no ha cambiado de propietario?

–No. Es todo muy extraño.

–¿Por qué no acabamos con esto? Deberíamos llevar el frasco y esa información a las autoridades.

En cuanto anochecía: en el momento en que anochecía.

Rastro: huella, señal que indica algo anterior.

Cadáver: cuerpo sin vida.

Ni idea: expresión coloquial, indica que no sabemos nada acerca de lo que nos preguntan.

–Las autoridades no harán nada, Julio. ¿No me has escuchado? No hay pruebas de lo que viste. Déjame investigar un poco más. Creo que estoy a punto de descubrir algo.

–¿Sobre qué?

–Sobre la chica, pero aún no te lo puedo decir.

–**Maldita sea**, Doménico. Esto no me gusta.

–Tranquilízate. Deberías salir más. No puedes pasarte los días **encerrado**. Si esa chica estaba allí te aseguro que ya no está. Posiblemente se ha escapado al darse cuenta de que la habías descubierto. Disfruta de Salvador, Julio. Yo me encargo de aclarar este enigma.

–Lo intentaré –le dije.

De vuelta en mi habitación, pensé que Doménico tenía razón. No podía ocultarme por más tiempo. Esa muchacha debía de haber huido y no había razón para seguir encerrado. Y sin embargo no podía dejar de experimentar la sensación de que ella no estaba lejos. Alguna vez, en mis paseos por la playa o por las calles cercanas al hotel durante esos días, me había parecido **intuir** su presencia. Cuando eso me ocurría, me giraba **enseguida** para ver si era cierto que estaba allí, vigilándome, pero no la había vuelto a ver. Aquella noche decidí volver a salir. Me estaba **volviendo loco**.

Maldita sea: expresión coloquial de contrariedad.

Encerrado: sin salir.

Intuir: percibir algo instintivamente.

Enseguida: inmediatamente.

Volverse loco: estar muy confuso, al borde de la locura.

IX

EL Carnaval se aproximaba cada vez más. Por todas partes podían verse grupos musicales que ensayaban y otros que comenzaban sus actividades antes del inicio oficial de la fiesta. Los distintos ***blocos*** se reunían en las calles de cada barrio practicando bailes y melodías; los camiones de los **tríos eléctricos** circulaban despacio por las avenidas, ya decorados, pero sin nadie aún sobre ellos, emitiendo por sus altavoces música grabada; los ***afoxés*** reunían inmensas cantidades de hombres y mujeres que parecían tener prisa por iniciar sus ceremonias –mitad musicales, mitad religiosas– en medio de la alegría general.

Los días que había pasado encerrado habían transformado la ciudad. Ahora había muchos más turistas. El Pelourinho era el barrio donde más evidente era el cambio. Había algunas calles por las que resultaba difícil caminar debido a la cantidad de gente. Otras estaban cerradas porque sus vecinos las estaban decorando. La exaltación era general y contagiosa. Poco después de haber iniciado mi paseo, conseguí olvidarme por un momento de todo lo que había pasado y me vi a mí mismo bailando en medio de un ***rodo*** al que me invitaron unos muchachos que tocaban sus ***berimbaus*** y ***cavaquinhos***.

Bloco: (en portugués). Grupo de barrio que organiza actividades en Carnaval.

Tríos eléctricos: (en portugués). Son grupos musicales que recorren Salvador de Bahía sobre camiones en Carnaval.

Afoxés: (en portugués). Son grupos formados por gente de raza negra que recorren las calles tocando cientos de tambores en Carnaval. Se trata de agrupaciones religiosas, vinculadas al candomblé.

Rodo: (en portugués). Rueda formada por personas que practican la capoeira.

Berimbau: instrumento musical típico bahiano formado por una caña de bambú con una calabaza en su parte inferior.

Cavaquinho: instrumento musical típico bahiano, similar a una guitarra muy pequeña.

Pero aquello duró poco tiempo. Después de aquel baile decidí sentarme en una terraza y pedí un refresco. Apenas había probado un primer **sorbo** cuando la vi. Era María, esa chica, no había duda, y me miraba desde el otro lado de la calle. No supe cómo reaccionar. Decidí levantarme y marcharme de allí, pero cuando ya me iba alguien me sujetó con fuerza. Cerré los ojos aterrorizado. Escuché unos gritos que se dirigían a mí. Abrí los ojos de nuevo. El camarero me tenía cogido por un brazo y me pedía a gritos el dinero que le debía por la bebida. Le pagué y vi cómo se retiraba hacia el interior del bar acusándome ante los demás clientes de querer escaparme sin pagar.

Me marché de allí. Recorrí dos o tres calles intentando perderme entre la multitud, pero volví a verla: primero en una plaza, después en un **callejón**, siempre mirándome. Empecé a correr, algo prácticamente imposible en aquellas calles llenas de gente. Escuché cómo me **insultaban** al pasar muchos de aquellos a los que pisaba o empujaba. La música sonaba por todas partes. Cada rostro que aparecía ante mí me parecía el suyo, cada vez que pensaba que ya me había alejado lo suficiente, la veía otra vez. Finalmente la vi frente a mí en una calle estrecha en la que la multitud me arrastraba hacia ella sin posibilidad de darme la vuelta. Vi un callejón en un lado de la calle y conseguí dirigirme hacia él. Era un **pasadizo** estrecho y mal iluminado, pero no me importó. Allí no había gente. Podía correr y lo hice, no sabía hacia dónde, pero corría, hasta que al intentar esquivar un cubo de basura mirando hacia atrás para comprobar que no me perseguía me choqué contra algo.

–Eh –exclamó una voz.

Había chocado con un hombre.

–Lo siento –me disculpé.

–¿Lo siento? Casi me matas –bromeó.

–Tengo mucha prisa.

Sorbo: trago.
Callejón: calle pequeña y oscura.
Insultar: palabras que se dicen para ofender a alguien.
Pasadizo: callejón.

–¿De qué huyes? –me preguntó.

Parecía que quería hablar conmigo. Le miré. Era joven y alto, aunque la oscuridad de la calle no me permitía distinguir su cara.

–No huyo de nada –le contesté–. Solo voy a mi hotel.

–No puedes irte tan pronto. Es ahora cuando empieza el día, español.

–¿Cómo sabes que soy español?

–Lo he notado en tu acento. También podrías ser argentino, hay muchos por aquí estos días, pero has dicho tres frases y todavía no me has llamado ***che***.

Aquello me hizo sonreír.

–Sí, es cierto. Soy español. Pero no puedo quedarme aquí charlando. Lo siento, tengo que irme.

–¿Han intentado robarte? Hay muchos delincuentes que aprovechan estas fiestas para atacar a los extranjeros.

–No, no es eso, es solo...

–Bien, si no es así, creo que tengo una solución para que no tengas que marcharte tan rápido. ¿Por qué no vienes conmigo a mi casa, nos tomamos una ***caipirinha*** y me cuentas lo que te ha pasado?

–No quiero alejarme mucho –traté de excusarme.

–No te preocupes. Mi casa está aquí mismo. No tendrás que caminar más de diez metros. Y además, te contaré un secreto: esta calle no va a ningún otro sitio. Lo único que hay en la dirección hacia la que corrías es mi casa. Piensa, si quieres, que es el destino el que te lleva hacia ella.

La perspectiva de **meterme en casa de** un desconocido, a quien no había visto ni la cara, no me parecía segura, pero la idea de volver a las calles y encontrarme solo de nuevo, escapando de la chica del avión me aterraba, así que acepté y caminé siguiendo los

---

Che: apelativo coloquial típicamente argentino.

Caipirinha: cóctel típico de Brasil.

Meterse en un lugar: entrar.

pasos de aquel hombre hasta la estructura en **ruinas** de una construcción muy vieja.

–Entra, amigo. Mi nombre es Caetano y ahora eres mi invitado.

–Gracias, Caetano. Yo me llamo Julio. ¿Es esta tu casa? –pregunté sorprendido, arrepintiéndome enseguida por mi indiscreción.

–Sí –contestó él con una sonrisa–. No te preocupes, parece vieja pero es porque la mandé construir así.

Lo primero que vi de aquella casa fue un patio de tierra lleno de cajas de plástico y electrodomésticos rotos. En el centro había una mujer vieja cocinando algo en una olla sobre un fuego en el que ardían los restos de una mesa. Aquella mujer me miró, pero no me saludó. Le dijo algo a Caetano y él contestó con un gesto.

–Sígueme, Julio. Te llevaré a conocer mi salón.

Así lo hice. Seguí sus pasos por una serie de pasillos vacíos y oscuros. Todo parecía abandonado, pero se escuchaban voces e incluso risas a nuestro alrededor. ¿Dónde me había metido?

–No temas –me dijo Caetano, que parecía leer mis pensamientos–. Enseguida llegamos.

De pronto aquellos pasillos **desembocaron** en un patio interior también en ruinas, pero desde el que se veía toda la parte baja de la ciudad y el mar. La vista era hermosa.

–¿Te gusta, verdad? Aquí recibo a las visitas **ilustres** –dijo, riéndose, al tiempo que encendía una lámpara de gas con la que pude, por fin, ver su rostro.

Caetano era algo mayor que yo, de unos treinta años. Era un tipo muy atractivo, tanto que yo mismo me sorprendí pensando en lo guapo que me parecía. Pero si había algo que destacaba en él por encima de cualquier otra cosa eran sus ojos, unos inmensos y brillantes ojos verdes que me traían a la memoria los de otra persona que no era capaz de identificar. Caetano se alejó unos pasos y volvió

Ruina: restos de edificios destruidos.

Desembocar: llegar a un lugar de destino.

Ilustre: alguien que merece ser tratado con gran respeto por su cargo, su posición social, etc.

con una bandeja en la que había dos vasos, una botella de ***cachaça***, unas limas y un bote de azúcar.

–Aquí tengo todo lo necesario para que olvides tus problemas, Julio.

–Te lo agradezco –le dije, mientras veía cómo empezaba a elaborar esas *caipirinhas* de las que me había hablado con una maestría digna del mejor camarero. Pocos minutos después estaban listas.

–Y dime, ¿por qué corrías?

Yo había cogido mi bebida y le había dado un buen trago. Estaba deliciosa.

–Es bastante difícil de explicar.

–No te preocupes por el tiempo. Tenemos toda la noche.

Aquella *caipirinha* estaba realmente buena. Cuando me di cuenta de que me la había bebido en dos tragos me avergoncé, pero él cogió el vaso de mis manos y empezó a prepararme otra sin decirme nada. Por primera vez en mucho tiempo empezaba a sentirme tranquilo.

–Pues bien, se trata de una historia un poco complicada –él me devolvió el vaso, lleno otra vez. Yo lo cogí y volví a beber con ansiedad. Empecé a sentirme mareado–. Conocí a una chica en el avión que me traía a Salvador y esa chica ha resultado ser una asesina, ja, ja, ja.

El alcohol me hacía efecto. Ahora encontraba toda aquella situación muy graciosa, aunque Caetano no se reía conmigo.

–¿Y por qué te sigue?

–¿Por qué me sigue? ¿Por qué me sigue? –me costaba ordenar mis ideas–. No lo sé. Yo creo que quiere comerme.

–Las personas no se comen unas a otras...

–Ella sí. Ella come seres humanos y perros y gatos. Yo lo vi. Estuve en su escondite. Fue horrible –de pronto me entraron ganas de llorar, pero pude contenerme–. El **caso** es que en el avión

---

Cachaça: (en portugués). Bebida típica brasileña. Ingrediente principal del cóctel llamado caipirinha.

Caso: asunto.

confundimos nuestras maletas y fui a buscarla a su casa para pedirle la mía, pero al llegar la encontré convertida en un monstruo, ja, ja, ja.

—¿Y tienes tú su maleta?

Su tono de voz había dejado definitivamente de ser amable y simpático, aunque yo apenas le prestaba atención a ese detalle, me sentía cada vez más mareado y solo podía reírme, sin saber por qué.

–Sí –dije–. La tengo yo. En mi hotel, ja, ja, ja.

–¿La has abierto?

–¡Claro...! Aunque yo no quería hacerlo. Fue Doménico...

–¿Quién es Doménico?

–Un buen amigo. Sí, señor. El recepcionista detective.

–¿Qué había en la maleta? –me preguntó.

Yo seguía riéndome sin poder controlar mis **carcajadas**, pero empezaba a darme cuenta de que aquella situación **no tenía ninguna gracia**. La voz de Caetano empezaba a ser amenazadora y él mismo me parecía cada vez más **hostil**. Su rostro se movía ante mí y yo me reía sin querer. Sus ojos verdes brillaban como llamas encendidas.

–Tus ojos me recuerdan a alguien, ja, ja, ja –no podía parar.

–¿Qué había en su equipaje? –insistió, levantándose.

–Un frasco –dije–. Un frasco de sangre, ja, ja, ja.

–Silencio, imbécil –me gritó–. ¿Dónde está ese frasco?

–Lo tengo escondido, ja, ja, ja –volví a reír, aunque estaba muerto de miedo–, en el hotel.

–¿Dónde?

Con un movimiento veloz había extendido su brazo hacia mí, me había cogido del cuello y me había levantado en el aire sin ningún esfuerzo. Su mano me ahogaba. Yo iba a responder. Iba a decirle que Doménico lo había guardado en el almacén del sótano, pero no tuve

---

Carcajada: risa muy fuerte. Incontrolable

No tener ninguna gracia: Ser desagradable.

Hostil: lo contrario de amistoso.

tiempo. Algo muy poderoso empujó el cuerpo de Caetano y lo hizo caer rodando por el suelo. Después me cogió y salió corriendo conmigo **a cuestas**. Al parecer yo no pesaba nada, "cualquiera podía sostenerme en el aire", pensé divertido.

No sé, no puedo contar lo que vi a partir de ese momento, pero sí recuerdo que hubo alguien que se interpuso sin éxito en el camino de esa fuerza que me arrastraba, recuerdo el rostro transformado en una máscara maligna de la vieja que cocinaba en el patio, recuerdo cómo las risas y las voces que había escuchado al entrar se convirtieron en horribles **chillidos**. Y después, la oscuridad, las calles que aparecían y desaparecían ante mí como en un sueño, hasta que ya no vi nada. Imagino que **me desmayé**.

... me había cogido del cuello y me había levantado en el aire sin ningún esfuerzo.

A cuestas: llevar algo encima.
Chillido: voz muy aguda y estridente.
Desmayarse: perder el sentido.

X

CUANDO me desperté tardé un tiempo en entender dónde estaba. Me encontraba tumbado en el suelo, en una habitación oscura. Tenía frío y lo único que veía ante mí era la luz de una vela colocada sobre una mesa. Aquello me hizo recordarlo todo. Me incorporé. Estaba en el sótano de la casa de aquella chica. ¿Cómo había llegado hasta allí? La cabeza me dolía mucho. Miré a mi alrededor. Ella no estaba. Podía escapar. Me dirigí hacia las escaleras, pero cuando llegué hasta ellas escuché unos pasos que descendían desde la planta de arriba.

Me acerqué a una de las paredes. Todavía estaban allí todos aquellos objetos inútiles que vi la primera vez. Cogí lo primero que encontré para defenderme: una silla. Los pasos continuaron aproximándose hasta que por fin la vi aparecer ante mí. Llevaba el mismo vestido que el día que la conocí. Se acercó a la luz. Volví a ver su rostro, el mismo que me había parecido tan bello antes de subir al avión. De su cuello colgaba todavía aquel extraño amuleto que había **aferrado** entre los dedos cuando estábamos a punto de estrellarnos.

–¿Qué quieres de mí? –le pregunté.

–Lo sabes.

–¿Quién eres?

–Me llamo María.

–Eso ya lo sé. Me refiero a lo otro, a lo que vi el otro día en esta casa.

Aferrar: coger con fuerza.

–Necesitas tiempo para comprender eso y no lo tenemos.

–¿Tienes prisa por matarme?

–No quiero matarte. Tampoco puedo. Te necesito.

–¿Cómo que me necesitas? Yo lo único que quiero es salir de aquí. Déjame irme.

–Eso es imposible ahora. Te buscan. Nos buscan a los dos.

–¿Quién?

–Ese que estuvo a punto de acabar con tu vida.

–¿Caetano?

–Utiliza muchos nombres. El primero de todos ellos fue Trémor.

–¿Quién es?

–Te lo explicaré más tarde. Ahora debemos irnos.

–Pero, ¿por qué quería matarme?

–Tienes en tu poder el arma más poderosa que existe. Estaba en mi maleta y la perdí. Tú la encontraste.

–¿El frasco?

–Sí. Ese frasco.

–Solo hay sangre dentro. Yo quería devolvértelo, por eso vine.

–Eso ya no importa. Ahora debes llevarme hasta donde está escondido.

–No lo haré. No quiero saber nada de ti. Voy a salir por esa puerta ahora mismo y si tratas de **impedirlo** tendrás que pelear conmigo –exclamé alzando la silla.

En ese momento comenzó a escucharse un ruido extraño y amenazador arriba, parecía proceder del exterior de la casa. Se acercaba.

–No lo entiendes, Julio. No hay alternativa. Ya están aquí.

–¿Quiénes?

Aquel ruido se hacía cada vez más intenso. Ahora lo distinguía mejor. Sonaba como un inmenso **avispero** pero se mezclaban en

---

Impedir: poner dificultades.

Avispero: nido de avispas.

él risas, llantos, gritos animales... María se dirigió a una esquina del sótano y levantó del suelo la tapa de una **trampilla** oculta.

–Ven conmigo –me dijo.

–¡No!

De pronto todos los cristales y maderas de la casa parecieron romperse al mismo tiempo y aquel ruido penetró en la planta principal. La casa temblaba. Escuché cómo algo golpeaba con fuerza la puerta de la escalera.

–Por favor –dijo la chica.

Se escuchó un ruido seco. Aquel **zumbido** había atravesado la puerta y bajaba. Era terrorífico. Corrí hacia donde se encontraba María y me metí por el hueco de la trampilla que ella había mantenido abierta. ¿Qué otra cosa podía hacer? Antes de terminar de entrar me giré. Eran murciélagos. Una nube **enloquecida** de fieras **aladas** con unos ojos pequeños y brillantes del color de la sangre. En ese instante recordé aquellas extrañas aves negras que había creído ver a través de la ventanilla del avión, pero no tenía tiempo para pensar. María cerró la trampilla desde dentro, cogió mi mano y comenzó a correr por delante de mí.

La oscuridad era total y mi única guía era esa mano helada de una joven a quien solo había visto dos veces, la segunda de ellas tumbada sobre un cadáver en una casa llena de animales muertos. Corrimos durante mucho tiempo. No sé cuánto. Hubo un momento que no pude más.

–Detente.

–No puedo, tenemos que seguir.

–Seguir hacia dónde.

–Hay una salida. Estamos cerca.

–Déjame descansar.

Trampilla: puerta pequeña que puede estar en el suelo o en la pared.

Zumbido: sonido intenso y grave que produce algo al moverse, por ejemplo los insectos.

Enloquecida: desordenada, agresiva.

Aladas: con alas.

Ella cedió y se detuvo. Mi respiración se escuchaba en toda la cueva. La suya no.

–¿Adónde me llevas? –le pregunté cuando recuperé el **aliento**.

–A un lugar donde estaremos seguros durante un rato. Después tendremos que ir al hotel, a por la sangre.

–Necesito saber quién eres, qué eran esos animales que hemos dejado atrás, qué está pasando.

–Intentaré explicarte todo lo que sé. Pero primero tenemos que salir de aquí –y apenas había terminado la frase cogió mi mano de nuevo y comenzó a correr una vez más.

Afortunadamente, me había dicho la verdad. Pocos minutos después abandonamos aquella cueva y salimos a través de un agujero a un inmenso jardín rodeado por altos edificios. Era de noche. Yo había **perdido la noción del tiempo**. ¿Era esta noche la misma en la que yo había decidido volver a salir por la ciudad? ¿Era la siguiente y había dormido en ese sótano un día entero? Miré a María. Empujaba una enorme piedra que dejó caer sobre el agujero por el que acabábamos de salir.

–Aquí podremos descansar –dijo.

Aliento: respiración.

Perder la noción del tiempo: desorientarse con respecto a la hora o los días.

XI

PERMANECIMOS en aquel jardín bastante tiempo, pero apenas **cruzamos algunas palabras**. Yo intentaba ordenar mis ideas. La miraba. Ella, esa chica que ahora miraba inocentemente las luces de la ciudad sentada en una piedra, me había dicho que no quería matarme, que me necesitaba, pero ¿para qué?

–Tenemos que irnos –dijo levantándose.

–Todo este tiempo, cuando yo creía que me vigilabas, estaba en lo cierto, ¿verdad? Estabas ahí.

–No podemos perder más tiempo. Sígueme.

Caminamos durante cerca de media hora, siempre en dirección al mar. Apenas había coches en las calles. Imaginé que sería muy tarde. Después de un buen rato caminando, reconocí un edificio que me resultaba familiar. Nos habíamos aproximado al hotel desde un punto de la ciudad desconocido para mí y ahora, **a medida que** nos acercábamos más a él, me iba pareciendo que el silencio crecía a nuestro alrededor. Finalmente vimos el hotel. A diferencia de los edificios de su **entorno**, completamente a oscuras, todas sus luces parecían haber sido encendidas para celebrar algún tipo de fiesta y eso me causó una impresión muy extraña.

–Ya han estado aquí.

–¿Los murciélagos?

Cruzar algunas palabras: conversar, hablar.

A medida que: mientras.

Entorno: espacio que rodea algo.

–Los murciélagos, Trémor, todos son lo mismo. ¿Estaba bien escondido el frasco?

–Sí, el único que podía decirles dónde está es Doménico, mi amigo el recepcionista. Y nunca lo haría.

–¡Estamos perdidos! –exclamó acelerando el paso.

–No corras –traté de detenerla–. Podrían estar todavía en el hotel.

–Si ese amigo tuyo les ha entregado la sangre de Nosferatu nada podrá detenerlos.

–¿La sangre de Nosferatu?

Ella había empezado a correr una vez más. El hotel parecía una **antorcha** iluminada en medio de las **tinieblas**. Yo trataba de seguirla pero me resultaba imposible. Cuando llegué hasta la **rampa** que conducía a la entrada comencé a ver **esparcidos** por el suelo, como los bultos de aquella noche en casa de María, los cadáveres de varias personas. Muchas. Me detuve. No podía creer lo que estaba viendo. Aquello tenía que ser una **pesadilla**. Reconocí a dos o tres huéspedes del hotel y al director. Caminé despacio entre los muertos, pisando **charcos** de sangre.

No podía ser cierto.

Continué caminando horrorizado en dirección a la puerta. Mis piernas daban un paso tras otro sin recibir ninguna orden de mi cerebro. Aquello parecía un campo de batalla. Los cuerpos tenían terribles heridas y no se escuchaba nada, solo las olas del mar, a lo lejos. Entré en el hotel respirando con dificultad. **Ojalá nunca hubiera llegado**. El espectáculo que se presentó ante mí frente al mostrador de recepción me hizo caer de rodillas. El cuerpo de Doménico estaba allí tirado, en el centro del vestíbulo. Escuché una

---

Antorcha: objeto, generalmente un palo, que se enciende por una de sus puntas para iluminar. Ejemplo: la antorcha olímpica.

Tinieblas: oscuridad total.

Rampa: superficie inclinada que da acceso a un lugar.

Esparcidos: repartidos sin orden sobre una superficie.

Pesadilla: mal sueño.

Charco: agua detenida en el suelo.

***Ojalá* + subjuntivo:** indica un deseo.

voz que llegaba hasta mí desde algún lugar dentro de ese mal sueño del que no sabía cómo salir:

–¿Era tu amigo?

Las lágrimas corrían libremente por mi cara y caían al suelo mezclándose con la sangre que lo inundaba todo.

–Doménico –pude **articular**.

–¿Era él quién sabía donde estaba escondida la sangre?

–Sí.

–No hay tiempo para llorar. Levántate. Tenemos que saber si se la ha entregado.

Yo no podía pensar, no podía hablar. Solo sentía una inmensa pena, un cansancio infinito que me impedía incorporarme o entender las palabras que escuchaba. De pronto noté cómo ella me levantaba del suelo igual que había levantado aquella piedra en el jardín, sin esforzarse, y todo mi dolor, todo mi miedo se transformó en rabia.

–¡Apártate de mí! ¿Quién eres? ¿Quiénes sois todos vosotros? ¿Cómo habéis podido hacer esto? Doménico era mi amigo. ¡Déjame en paz!

Intenté golpearla, pero no pude. No tenía fuerzas. Resbalé y me caí al lado del cadáver del recepcionista. En una de sus manos estaba la libreta donde apuntaba los datos de sus investigaciones. La cogí. Estaba húmeda y manchada de sangre. Pasé sus hojas hasta llegar a la última. Distinguí unas letras, una especie de fórmula entre signos de interrogación: *¿MD=V?* Mis lágrimas se habían secado. Respiraba agitadamente. Miré a María. Habría deseado matarla, dejarla tirada en el suelo igual que lo estaba ese chico cuyo único error había sido ayudarme.

–Le hablaste de tu amigo a Trémor –dijo ella.

En un primer momento no entendí a qué se refería. Luego comprendí que ella debía estar oculta en aquella casa en ruinas mientras yo respondía a las preguntas de Caetano, el mismo a quien

Articular: decir.

ella llamaba Trémor. Había sido ella quien me había salvado de él y había huido conmigo a cuestas. Recordé aquella conversación. El terror que había sentido sin poder parar de reírme. Era cierto. Yo le había hablado a ese hombre de Doménico. Yo le había dicho que él conocía el escondite del frasco de sangre.

–No conseguiremos detenerlos si no me ayudas. Solo llevándonos ese frasco, si es que tu amigo no se lo ha dado, podremos evitar que esto se repita. Hazme caso. Reacciona. Llévame hasta el lugar donde lo escondisteis.

Una parte de mí se negaba a entender sus palabras, a hacerle caso, pero otra parte se había dado cuenta ya a esas alturas de que ella, que era quien me había introducido en ese infierno, era también el único ser en el mundo que podía poner fin a la pesadilla que estaba viviendo. Ella me había salvado.

–Está bien. Sígueme.

Me dirigí al ascensor. Funcionaba. Entramos en él los dos. Pulsé el botón del sótano. La miré mientras descendíamos. Su bello rostro no reflejaba ninguna emoción. No era humana. Llegamos al sótano y caminamos hacia el pequeño almacén. Las luces estaban encendidas pero todo estaba en silencio. Entré en el almacén y una vez dentro moví la estantería como lo había hecho Doménico el día que me llevó por primera vez a aquel lugar. La pequeña puerta del suelo estaba cerrada. **Me arrodillé**. La abrí. El frasco estaba allí. Doménico había muerto sin traicionar nuestro secreto.

Arrodillarse: ponerse de rodillas.

XII

SALIMOS del hotel inmediatamente y nos dirigimos hacia la playa. Me parecía que la tierra se había abierto bajo mis pies y que yo había caído en un agujero del que nunca podría salir, pero el ruido de las **sirenas** de varias ambulancias y coches de la policía aproximándose me hizo volver a la realidad. El mundo se había despertado, aunque seguía siendo de noche. María y yo caminamos por la arena alejándonos del escenario de aquel horroroso crimen. Ella miraba hacia todos los lados para asegurarse de que nadie nos seguía. Llevaba en su mano derecha el frasco, su tapón dorado brillaba.

Llegamos a un punto en el que una pequeña **colina** que cortaba la playa se alzaba ante nosotros. Sobre ella había una **fortaleza** antigua. Un viejo **faro** sobresalía de una torre encerrada en el interior de sus **murallas**. Nos dirigimos hacia esa fortaleza en silencio. Alrededor de las murallas había un jardín cubierto por césped. Rodeamos la construcción hasta llegar a su parte trasera. Aquel parecía un buen lugar para descansar, nadie podía vernos desde la ciudad, solo teníamos el mar ante nosotros. María se sentó y yo me senté a su lado.

–También mataron a mi padre –dijo sin mirarme, sin cambiar su tono de voz inexpresivo.

Sirenas: aparatos que utilizan policía, bomberos y ambulancias para indicar su presencia con señales de luz y sonido.

Colina: montaña pequeña.

Fortaleza: construcción destinada a la defensa.

Faro: luz que se utilizaba antiguamente para orientar a los barcos frente a las costas.

Murallas: muros de protección, muy fuertes.

–¿Lo mataron ellos?

–Sí. Su muerte fue muy parecida a la de tu amigo y yo también tuve que entender demasiadas cosas demasiado rápido cuando ocurrió, como tú tienes que hacerlo ahora para ayudarme a evitar que todo esto vuelva a repetirse.

–¿Quién es Trémor? ¿Por qué quiere ese frasco de sangre? ¿Cómo puedo ayudarte yo?

–Mañana te llevaré a un lugar donde encontraremos a alguien que podrá darte todas las respuestas que necesitas. Yo solo tengo algunas.

–Cuéntame quién eres. Todavía no sé por qué tengo que confiar en ti.

Ella jugaba con su amuleto entre los dedos.

–Yo nací cerca de aquí. En una isla llamada Tinharé. Es un lugar muy hermoso. Apenas hay dos o tres pueblos en la isla. Mi padre, mi hermano y yo vivíamos cerca del puerto, en Morro de Sao Paulo. Mi madre murió al nacer mi hermano. Mi padre pasaba mucho tiempo cazando o pescando en los **manglares** mientras a nosotros nos cuidaba Tomasinha.

–¿Quién es Tomasinha?

–Es una **sacerdotisa** de los ***orixas***. Ella nos daba de comer y nos educaba a mi hermano y a mí.

–Yo había pensado ir a Morro –le dije, recordando las imágenes de esa isla que había visto en mi guía de viaje.

–Podrás cumplir tu deseo.

–Ya ni siquiera recuerdo por qué quería ir allí. ¿Para qué quieres llevarme contigo?

–Mañana lo sabrás, te lo dirá Tomasinha. Ahora déjame contarte mi historia. Un día mi padre regresó a casa después de estar varios

---

Manglar: terreno con mucha vegetación que se cubre de agua con la marea en regiones tropicales.

Sacerdotisa: femenino de sacerdote.

Orixas: (en portugués). Espíritus de la religión candomblé.

días fuera. Había algo muy extraño en él. Yo nunca lo había visto asustado hasta ese momento, pero ese día me di cuenta de que algo lo **atemorizaba**. Le pregunté qué ocurría, pero él no me contestó. Me envió a casa de Tomasinha a pedirle unas verduras para preparar nuestra cena, la mía y la de mi hermano. Él nunca comía con nosotros. Yo obedecí. Fui a la casa de la sacerdotisa, que se encontraba algo apartada del pueblo, y, cuando llegué, vi en sus ojos el mismo miedo que había visto antes en los de mi padre. Le pregunté qué estaba pasando. Ella me dijo que debíamos volver corriendo a mi casa. Me asusté mucho y regresé tan rápido como pude. Cuando llegué, mi padre estaba en el suelo de nuestra casa, tenía heridas en todo su cuerpo, pero aún respiraba.

–Tuvo más suerte que Doménico –la interrumpí. Ella me miró, pero creo que no me veía. En ese momento solo pensaba en la imagen de su padre.

–Me acerqué a él. Le pregunté qué le había pasado y no pudo contestarme; le pregunté por mi hermano y miró hacia la habitación del pequeño, cerró los ojos. Entendí lo que quería decir. Mi hermano estaba muerto. Intenté abrazarle, pero él cogió mi mano con una de las suyas y puso en ella este **colgante** que llevo desde entonces –su amuleto–. Él lo había llevado en el cuello toda su vida. Yo lo cogí y le abracé. Él respondió a mi abrazo rodeando mi cabeza con sus manos y acercando mi cara a la suya. Pensé que quería besarme por última vez antes de morir, pero en vez de hacerlo me mordió el cuello.

Sentí un dolor agudo. Algo que no podía comprender penetró en mi cuerpo a través de ese **mordisco**, algo muy oscuro que me llenó de terror. Grité, me aparté de él. La herida de mi cuello sangraba. No podía entender lo que había ocurrido. Le miré a los ojos y él me miró a mí. Sé que con aquella mirada me estaba pidiendo perdón, pero no pudo decir nada más. Un instante después murió.

–¿Tú padre te mordió antes de morir? ¿Por qué? ¡Eso no tiene sentido! ¡Nada de esto tiene sentido! –exclamé.

Atemorizar: llenar de temor, de miedo.

Colgante: adorno que se lleva colgado del cuello, en este caso el amuleto.

Mordisco: resultado de morder. Sustantivo.

Ella continuó hablando sin escuchar mis palabras, siempre con aquel extraño amuleto entre sus dedos. Ahora podía verlo bien. Era una especie de hueso alargado y fino, como el **colmillo** de una fiera salvaje inmensa, atado a una cinta de cuero.

Lloré. Me acerqué a él, le cerré los ojos. Y entonces escuché la voz de Tomasinha a mi espalda, en la puerta. Había venido tan rápido como había podido y respiraba con dificultad.

–Lo sabía –decía–. Sabía que ocurriría.

Me levanté y corrí hacia ella. La abracé. Pero ella me apartó extendiendo los brazos; me miró a los ojos:

–¿Te ha mordido? –me preguntó.

–Sí –le contesté entre **sollozos**.

–No tenemos tiempo para llorar, entonces. Tienes que escapar de aquí. –¿Escapar, adónde? Me preguntaba yo. ¿Qué había ocurrido? ¿Quién había matado a mi padre y a mi hermano? ¿Por qué? Quería formular todas esas preguntas pero algo en mi cuerpo, algo que nunca antes había sentido, me hizo saber de pronto todas las respuestas. Dejé de llorar. Supe que ella tenía razón. La herida de mi cuello me había transformado. Sentía cosas. Oía voces nuevas dentro de mí. Veía a Tomasinha muy cerca, pero a la vez muy lejos de mí. Distinta.

–Ha empezado –dijo ella.

–Sí –le contesté.

–Mi pequeña. Ahora tendrás que ser fuerte.

–Dime qué tengo que hacer.

Colmillo: diente más afilado.

Sollozo: sustantivo de sollozar, llorar.

XIII

HAY personas que piensan que existen momentos que cambian una vida. Yo siempre había creído que no era así, que nuestra vida se hace cada día con las decisiones que tomamos. Ahora sé que estaba equivocado. Las cosas que María me contó aquella noche, mientras estábamos sentados junto al faro de Salvador, me transformaron para siempre. Ella permaneció callada por un instante. "Seguramente, pensé, era la primera vez que intentaba recuperar aquellos recuerdos". Poco después continuó hablando.

–Tendrás que viajar al viejo castillo donde nació tu padre –le había dicho Tomasinha–. Está en Portugal. En una ciudad llamada Sintra.

Aquel nombre, Sintra, y la **mención** a su viejo castillo, hizo que aparecieran en la mente de María en aquel instante toda una sucesión de imágenes de un mundo **tenebroso** del que supo que ella también formaba parte. Eran imágenes de un pasado muy lejano. Recuerdos que no eran suyos, pero que habían entrado en ella a través del mordisco de su padre.

–Vi a dos hombres oscuros y poderosos y reconocí en uno de ellos a mi abuelo, a quien nunca conocí –siguió contándome–. Se encontraban en una parte del mundo desconocida para mí. Vi ciudades viejas con las calles cubiertas de cadáveres y supe que mi abuelo se había enfrentado con aquel otro hombre por todas aquellas muertes. Escuché cómo aquel ser oscuro llamaba a mi abuelo

---

Mención: referencia.

Tenebroso: perteneciente a las tinieblas. Oscuro.

renegado. Los vi luchar y vi a mi abuelo caer derrotado. Aquel hombre lo encerró en una prisión, pero el consiguió escapar y entrar a escondidas en la habitación donde dormía el otro. Mi abuelo se llevó dos cosas de la habitación de su enemigo: este amuleto –me lo mostró– y una botella llena de sangre que permanecía guardada en una **urna** de cristal. Yo supe, cuando la vi, que aquella era la sangre de Nosferatu, el más poderoso de los seres del pasado, el amo de todos ellos.

–¿Nosferatu? –tuve que interrumpirla de nuevo–. Es la segunda vez que pronuncias ese nombre.

—Él fue el primero. El más poderoso. Después de él hubo otros más crueles, pero el poder de esos otros siempre dependió de la sangre del primer vampiro. Nosferatu. Quien la posee supera los límites de cualquier otro ser vivo, porque está más allá de la vida.

–Y eso era lo que había en la botella que robó tu abuelo.

–Sí, una parte. La parte que su enemigo guardaba siempre cerca de sí mismo para sentirse seguro de dominarlo todo y a todos. El resto de esa sangre estaba escondida en un lugar que solo él conocía.

–¿Era Trémor aquel vampiro poderoso, el mismo que nos perdigue a nosotros ahora?

–Sí.

–¿Eres un vampiro tú también?

No me respondió.

–Vi a mi abuelo beber de aquella botella que acababa de robar y sentí cómo su poder crecía hasta hacerse similar al del otro. Entonces huyó. Cuando Trémor descubrió lo ocurrido era demasiado tarde. Mi abuelo tenía una parte de la sangre de Nosferatu y este colmillo, el símbolo que distingue al heredero del vampiro original y que desde entonces está en mi familia. Recorrió toda Europa huyendo hasta que llegó hasta Portugal y allí se sintió seguro. Se hizo construir un castillo en Sintra y se defendió siempre de los ataques

---

Renegado: quien reniega de lo que es, renuncia a su pasado.

Urna: caja donde se guarda algo muy valioso.

de los **siervos** de Trémor. Era más poderoso que cualquiera de ellos gracias a esa sangre. Hubo un momento en que se sintió en paz, alejado de la muerte y la desolación. Entonces conoció a una mujer y tuvo un hijo con ella: mi padre.

–Nunca imaginé que los vampiros pudieran tener hijos.

Ella volvió a **ignorarme**.

–Mi abuelo creyó que podría sobrevivir siempre a los ataques de su enemigo. Pero un día Trémor se decidió a acabar con él para recuperar lo que consideraba suyo y viajó rodeado de todos sus ejércitos hacia el castillo de mi abuelo. Él supo que no podría resistir aquel ataque y **embarcó** a mi padre con una parte de la sangre de la botella y con este amuleto en un barco que partía hacia Brasil. Antes de despedirse de su hijo, lo mordió transformándolo en lo mismo que era él, después volvió a su castillo, ocultó en un lugar secreto la parte de aquella sangre que había reservado para sí mismo pensando que la batalla sería larga y se preparó para defenderse. Pero no resistió la **brutalidad** de Trémor. Antes de apartarse del puerto, mi padre vio el castillo en llamas y supo que mi abuelo ya estaba muerto.

–Tu abuelo mordió a tu padre antes de morir, después él hizo lo mismo contigo, ¿por qué?

–Porque solo quien ha sido mordido puede acceder al poder que transmite la sangre de Nosferatu y luchar contra los siervos de Trémor.

–¿Y contra él?

–Contra él no. Él es el poder. Nadie puede vencerle.

–Pero tú lo hiciste. Me salvaste en aquella casa en ruinas.

–Yo le sorprendí y después escapé, no le vencí.

–Continúa –le pedí–. ¿Cómo utilizó tu padre su poder?

Siervos: servidores, esclavos.

Ignorar (a alguien): no hacer caso.

Embarcar: subir en un barco.

Brutalidad: bestialidad, fuerza extrema y cruel.

–Mi padre se instaló en Salvador. Se hizo construir una casa, pero pronto se dio cuenta de que el océano era una **barrera** muy débil contra Trémor y sus esclavos. Después de unos años en la ciudad, supo que lo habían encontrado y escogió otro lugar más apartado donde vivir escondido, la isla de Tinharé. Allí vivió oculto y solo compartió su secreto con Tomasinha, la sacerdotisa, a quien conoció siendo una niña. Ella supo siempre que él no era un hombre como los demás. Mi padre vivió muchos años allí, nunca se alimentó de sangre humana como lo hacían todas esas **fieras**. Siempre lo hizo con la sangre de los animales que cazaba. Por eso nadie sospechó nunca de él.

Pero un día la isla comenzó a llenarse de hoteles y turistas. La gente venía de todas partes y aquel escondite dejó de serlo al tiempo que la sangre que mi abuelo le había dado, lo que le daba su poder, se agotaba. Cuando mi padre me envió aquella noche a casa de Tomasinha él ya sabía que habían venido a buscarlo y sabía también que no podría resistir el ataque. Pero cuando me mordió y me entregó el amuleto también me transmitió la misión que él y mi abuelo habían compartido: luchar contra Trémor.

–Pero tú no tenías la sangre de Nosferatu. A tu padre se le había acabado.

–Pero tenía a Tomasinha. Ella me orientó. Ella sabía que en aquel castillo de Sintra, oculta, estaba todavía la sangre que mi abuelo había reservado para sí mismo sin llegar a utilizarla. Por eso viajé a Portugal y coincidí contigo. Cuando tuve el frasco con la sangre la probé y conocí su poder. Después quise volver inmediatamente, pero el billete de avión que compré, el del primer vuelo que salía hacia Salvador, me obligó a hacer una absurda escala en Madrid. Entonces me viste por primera vez.

–¿Y ahora que tienes la sangre, lucharás?

–Ahora que tengo la sangre debo ir a Morro contigo.

–¿Y cómo puedo ayudarte yo?

Barrera: obstáculo que impide el paso a un lugar.
Fieras: animales salvajes.

–No lo sé. Tomasinha nos lo dirá. Yo solo sé que Trémor está aquí y que ella es la única que puede ayudarnos a defendernos de él. Fue Tomasinha quien me dijo que tú tenías la sangre de Nosferatu cuando yo le conté que había perdido el frasco, poco después de aparecer tú en la vieja casa de mi padre. Ella me envió a buscarte. Tomasinha ve cosas que nadie ve. Sabe cosas que ni siquiera yo puedo saber.

–Pero yo no soy como tú. Soy débil y tengo miedo.

–¿No quieres acabar con quienes han asesinado a tu amigo?

–Sí.

–Entonces ayúdame. Ven conmigo. Ella resolverá tus dudas.

–Lo haré.

XIV

AQUELLA misma mañana, cuando salió el sol, nos dirigimos al puerto. El Carnaval se había apoderado de la ciudad y apenas se podía caminar por las calles. Por todos lados había grupos de baile y multitudes que cantaban, bailaban y se divertían. A mí me costaba entender cómo el mundo podía seguir girando. Todo había cambiado. Toda esa gente disfrazada, todo ese ruido, me parecían irreales. Lo único que me preocupaba era seguir los pasos de María a través de la ciudad.

Compramos dos billetes para el ferry que nos llevaría a la isla de Tinharé, pero tuvimos que esperar varias horas. Todos los barcos de la mañana estaban llenos y el nuestro no saldría hasta la tarde. No nos atrevíamos a alejarnos demasiado, por lo que permanecimos en el puerto. El ambiente festivo lo llenaba todo, incluso el interior de aquel barco en el que finalmente pudimos embarcar y nos condujo hasta Morro de Sao Paulo.

Llegamos a la isla sobre las cinco de la tarde. Cuando desembarcamos nos encontramos prácticamente en el centro del pueblo donde había crecido María. Su plaza principal estaba a poco más de cincuenta metros del **embarcadero**. La atravesamos y en unos minutos salimos de la población siguiendo un camino solitario que no parecía conducir a ninguna parte. Sin embargo, poco después vimos una casa de madera a nuestra izquierda.

–Esa es la casa de Tomasinha –me dijo María.

Llegamos hasta su puerta y antes de llamar vimos cómo la puerta se abría ante nosotros. En el interior había una mujer negra, muy

---

Embarcadero: lugar donde atracan los barcos para coger y dejar pasajeros.

corpulenta, apoyada en un **bastón**. Llevaba un vestido blanco y tenía la cabeza cubierta por un pañuelo enrollado.

–Ya estás aquí –dijo mirándome de arriba abajo.

–Hola, tía –la saludó María sin expresar ninguna emoción.

–Entrad –dijo la mujer –. No tenemos mucho tiempo.

Nos introdujo en aquel lugar haciéndose a un lado. El interior no parecía el de una casa, era más similar a una capilla en la que todo era excesivo. Por todas partes había imágenes de santos, figuras que representaban distintas **divinidades** que yo desconocía y flores. Había flores en todas las mesas, en el suelo, en las ventanas, en las paredes. El olor que desprendían era tan profundo que pensé que iba a marearme.

–Está aquí –dijo, invitándonos con un gesto a sentarnos en dos pequeñas sillas de madera. María permaneció de pie. Yo también. Ella se acercó a un viejo sillón y se sentó con dificultad sin soltar el bastón. Su cara redonda, de ojos muy oscuros, reflejaba una gran preocupación. Sudaba y se secaba el sudor con un pañuelo tan blanco como su vestido.

–Traigo la sangre, tía –dijo María mostrándole a Tomasinha aquel frasco de cristal con el tapón dorado que tanto había cambiado mi vida.

–¿Lo sabe todo? –la vieja señora me señaló con la mirada dirigiéndose a María.

–Sabe lo que yo sé –contestó ella.

–Bien. Así será todo más sencillo –dijo, cogiendo un abanico que había sobre una mesa pequeña, al lado del sillón, y dándose aire con él. Entonces miró a María fijamente a los ojos. Pareció que por un momento trataba de buscar en ella algún recuerdo de la niña a quien había visto crecer a su lado–. Tú no puedes hacerlo, María. Tendrá que enfrentarse él a Trémor –dijo señalándome.

Corpulenta: muy fuerte.

Bastón: palo o barra que se utiliza para mantener el equilibrio o sostenerse mientras se camina.

Divinidades: dioses.

–¿Cómo? –preguntamos los dos a la vez. Sus palabras me desconcertaron. Si no había entendido mal, solo los vampiros podían luchar entre sí. María debió pensar lo mismo que yo.

–Eso no es posible –dijo–. Él no es uno de los nuestros.

–Tú no puedes hacerlo, hija mía. Te condenaste al beber la sangre de aquel **mendigo**.

–¿De qué mendigo? ¿De qué estáis hablando? –intervine yo, que empezaba a ponerme nervioso.

–Cuando María volvió de Sintra –empezó a hablar la vieja dirigiéndose a mí al tiempo que la propia María se apartaba hacia una ventana sin querer mirar a aquella mujer–, se enfrentó con un grupo de siervos del **Maligno** que la esperaban en el aeropuerto.

–¡Yo estaba allí, en el aeropuerto, vi cómo se la llevaban! –exclamé, entendiendo por fin lo que había ocurrido aquel día que ahora me parecía tan lejano.

–Lo que ella no te ha contado, al parecer, es que aquellos seres la encerraron creyendo que llevaba la sangre de Nosferatu y al no encontrarla quisieron matarla. Pero ella había probado esa sangre. Era más fuerte que ellos. Se resistió y luchó. Pudo escapar, aunque gravemente herida. Después se escondió en el único lugar que conocía en Salvador, la antigua casa de su padre. Estaba tan débil por sus heridas que habría muerto sin la intervención de los dioses que la protegen.

–¿Y qué dioses protegen a una vampira? –pregunté yo, que sentía crecer una rabia desconocida dentro de mí. Todo lo que me contaba esa mujer tenía como único objetivo convencerme para luchar por algo que no tenía nada que ver conmigo. Esos animales habían matado a Doménico y los odiaba, pero yo no podía enfrentarme a ellos, me matarían a mí también.

–A María la protegen todos los espíritus que son mis amigos, los más poderosos. Ellos llevaron a esa casa, aquella noche, a un mendigo moribundo que buscaba un lugar tranquilo donde morir. Y allí

Mendigo: persona pobre que vive en la calle.

Maligno: malvado. En este caso se utiliza para hablar de Trémor.

murió, pocos minutos después de entrar en la casa, de vejez. María necesitaba alimentarse para curarse de sus heridas, lo vio morir y supo que esa era su oportunidad: bebió de su sangre mientras aún estaba caliente. La sangre de un muerto.

–¡Necesitaba vivir! –gritó María, que lo escuchaba todo, aunque parecía haberse olvidado de nosotros.

–Lo sé, hija mía –la vieja le dedicó una mirada comprensiva–. Lo sé, pero lo hiciste. Y un vampiro que prueba la sangre de un muerto está condenado a morir. No tienes ninguna posibilidad de vivir si te enfrentas con el Maligno. Él es el poder. Él posee la vida. Tú aún te sientes fuerte, pero la muerte ahora vive en ti, te debilita.

–¿El cuerpo que había en el sótano cuando te vi era el de aquel mendigo? –le pregunté yo a María.

–Sí. Entró en la casa. Bajó hasta el sótano, se cubrió con una sábana y dejó de respirar. Yo no lo maté. Solo me alimenté de él. Era la única forma de salvarme –respondió ella.

–Después de probar esa sangre, María recuperó sus fuerzas. Pudo volver a cazar otros animales con los que sobrevivir. Te había visto y vino a decirme que había perdido el frasco con la sangre y que tú habías ido a buscarla a su escondite. Entonces supe que tú eras quien la tenía, que tú eres el elegido para luchar.

–Un momento, señora –no estaba dispuesto a ceder–. Usted no me conoce de nada. Yo solo vine a Brasil por la música. No tengo nada que ver con vampiros ni con espíritus. Ellos mataron a mi amigo. Me gustaría ayudar, pero…

–Tendrás que permitir que María te muerda –dijo Tomasinha.

–Usted está loca. No lo haré –contesté yo.

–Si no lo haces no tendremos ninguna esperanza –María se había girado hacia nosotros y me miraba. Había comprendido que Tomasinha tenía razón.

–¡No! –grité.

XV

ME escapé de aquella casa en la que había empezado a sentirme mal. El olor de todas aquellas flores y el calor que hacía allí dentro, unidos a la locura que me proponían aquellas dos mujeres, me **revolvieron** el estómago. Cuando estuve fuera sentí ganas de vomitar. Intenté hacerlo, pero no pude. Cuando levanté la cabeza, María estaba a mi lado.

–Sé que no esperabas esto. Yo tampoco.

–Esa mujer me está pidiendo renunciar a mi vida.

–No tenemos otra opción. Yo no podría hacer nada contra él.

–¿Y qué puedo hacer yo? Tú lo has dicho, nadie puede vencer a Trémor.

–Es cierto. Lo dije, pero tú viste lo que hicieron esas bestias en el hotel. Alguien debe intentar detenerlo.

–Tu abuelo lo hizo y murió. Tu padre también lo hizo y está muerto. Yo no quiero morir.

–Ellos se enfrentaron a él.

–¿A qué precio?

–El precio de una vida es muy pequeño, créeme.

–Tal vez, pero mi vida es lo único que tengo.

–Eres un **cobarde**.

–Sí.

Iba a marcharme de allí. Tenía miedo.

Revolver: remover. En este caso, causar dolor de estómago.
Cobarde: lo contario de valiente. Adjetivo.

–Espera –dijo entrando de nuevo a la casa de Tomasinha y saliendo de allí con el frasco de sangre en la mano. –Llévate esto.

–¿Para qué?

–Ya has oído a Tomasinha. No tengo ninguna opción y sé que ya vienen a por mí. Consérvalo oculto. Tal vez alguien, algún día, quiera luchar contra Trémor y conozca nuestra historia. Es lo último que te pido. Escóndelo.

–No puedo hacer eso. Ven conmigo. Escapemos, María.

–No tengo adonde ir. Márchate tú. Ya es tarde –dijo poniendo en mis manos aquel maldito frasco después de beber un trago de su sangre.

–Adiós –me despedí. Ella se dio la vuelta y cerró la puerta.

Me sentía muy enfadado. Ella me había llamado cobarde y **estaba en lo cierto**. Yo mismo me sentía un cobarde, pero ¿por qué? ¿Acaso debía **estar dispuesto** a convertirme en lo que era esa chica antes de morir asesinado por una fiera maligna?

Seguí el camino de regreso al pueblo. Ahora que iba solo me di cuenta de que el Carnaval también se había apoderado de la isla. Poco antes, con María, ni siquiera me había fijado en la animación que reinaba en las calles de la población. Todas las casas, pintadas de colores, estaban decoradas; la gente, en su mayoría turistas, circulaba contenta y feliz, indiferente a la tormenta que yo experimentaba en mi interior. Grupos de música, aquí como en Salvador, desfilaban por las calles disfrazados, al tiempo que en las plazas se concentraban cientos de espectadores ante los escenarios sobre los que se ofrecían distintos espectáculos.

Fui hasta la plaza principal. Allí la multitud se concentraba en las terrazas de los bares y en torno a los puestos de zumos naturales. La fiesta lo llenaba todo de vida. Me senté en una de esas terrazas y pedí algo de beber. Intenté imaginar a María cuando era una niña, corriendo por aquella plaza, feliz y despreocupada, sin saber el destino que la esperaba, sin imaginar que un día un tipo como yo

Estar en lo cierto: tener razón.

Estar dispuesto: tener voluntad de hacer algo.

la encontraría en el sótano de una vieja casa abandonada sobre el cadáver de un mendigo muerto.

–Pareces preocupado –una mujer estaba sentada a mi lado. La reconocí enseguida bajo sus inmensas gafas de sol.

–Te recuerdo. Hablamos en el aeropuerto el día de mi llegada.

–Sí. La vida está llena de casualidades. Yo también te he reconocido.

–¿Vives aquí o has venido por el Carnaval?

–Soy una turista más, como tú.

–Sí, soy un turista. Eso he sido siempre. A veces lo olvido.

–¿Te ocurre algo?

–Algunos viajes se complican, ya sabes.

Ella sonrió, mostrándome la blanca **hilera** de dientes perfectos de su boca. Aquella sonrisa me hizo fijarme en ella detenidamente una vez más. Llevaba un vestido de color azul que, como el de aquel día que la conocí, permitía adivinar la perfección de su cuerpo. Su piel era dorada.

–Me dejas invitarte a tomar algo –me preguntó.

–Encantado –le contesté.

–Muy bien. Entonces sígueme –me dijo, levantándose.

–¿Adónde?

–Me gustan las multitudes, pero hay momentos en los que prefiero algo más de intimidad. Mi hotel está cerca. Allí preparan los mejores cócteles de toda la isla y hay menos gente alrededor.

Me levanté. En ese momento, cuando todavía no había podido sacarme de la cabeza lo ocurrido en casa de Tomasinha, creí que la oportunidad de acompañar a esa mujer a su hotel era una señal. La vida me llamaba. Terminé mi bebida ya de pie y la seguí. Había un coche aparcado a pocos pasos de la plaza. Era uno de

---

Hilera: fila.

esos **todoterrenos** con los **cristales tintados** que suelen usar los millonarios. Un chófer nos abrió la puerta.

–Tienes un bonito coche –le dije.

–Es cómodo –dijo ella, con un tono de voz neutro.

–¿Dónde está tu hotel?

–Te gustará. Está cerca de la tercera playa. No sé si lo sabes, pero aquí cada playa tiene un número.

–No sé nada de esta isla. Solo que antes vivían aquí pescadores y que ahora está llena de turistas.

–Generalmente es un lugar más tranquilo. Yo he venido otras veces. ¿Por qué estás tú aquí?

–No lo creerás si te lo cuento.

–Te sorprenderían las cosas que puedo llegar a creer.

Me pareció que el coche recorría el trayecto entre el pueblo y el hotel en muy poco tiempo y sin embargo, cuando por fin se detuvo en la puerta de un lujoso edificio colonial rodeado de jardines, descubrí sorprendido que se había hecho de noche en el camino. El chófer se bajó antes que nosotros y nos abrió la puerta. Caminamos por un suelo de **grava** hasta la puerta del hotel. El jardín estaba iluminado por la luz de cientos de velas. Sonaba una música de fondo muy **tenue**. Todo era elegante y agradable.

–Sígueme –me dijo.

Caminé con ella en dirección al interior del hotel y la seguí cuando comenzó a ascender por una enorme escalera de **mármol**. Su habitación estaba en la primera planta.

–Pensé que íbamos a tomar una copa –le dije.

–Lo haremos en la habitación. Estaremos más tranquilos –respondió ella abriendo la puerta.

Todoterreno: coche grande, equipado para circular por el campo y la ciudad.

Cristales tintados: cristales oscurecidos.

Grava: piedras pequeñas.

Tenue: suave, débil.

Mármol: tipo de piedra utilizado en la construcción y el arte. Por ejemplo, el David de Miguel Ángel es de mármol.

El interior de aquella *suite* era realmente espectacular. La habitación estaba decorada con adornos que recordaban al tiempo de la colonia, pero todo era muy moderno.

–Pediré algo de beber –dijo apartándose de mí y dirigiéndose a un pequeño salón auxiliar en el que había un teléfono. Yo paseé por la habitación. Era grande. Cerca de la cama había una puerta de cristal que daba al exterior. La abrí. Fuera había una terraza y debajo de ella una inmensa piscina azul.

Ella se acercó a mí por la espalda mientras yo miraba aquella piscina.

–Me gusta tu hotel –dije.

–Entremos.

–**Desde luego** –respondí caminando hacia el interior.

Una vez dentro me giré hacia ella. Hasta ese momento no la había mirado de frente a la cara desde que se había quitado las gafas de sol. Entonces lo hice y vi sus ojos. Aquellos inmensos ojos verdes. ¿Cómo podía haberlos olvidado? Eran los ojos más grandes y hermosos que había visto en mi vida y solo los había visto una vez. No. Una vez no. ¡Los había visto dos veces! Recordé a Caetano. Trémor...

Ella leyó mis pensamientos y estalló en una carcajada.

–Has tardado mucho en darte cuenta –dijo.

–Eres tú. ¿Cómo es posible?

–Veo que te han hablado de mí en este tiempo. Me alegro. Así **ganaremos tiempo**. Tienes algo que me pertenece. Dámelo.

–¡No! –exclamé gritando y corriendo hacia la puerta con intención de huir. Pero apenas había dado unos pasos sentí una **garra** poderosa que me detenía y me obligaba a darme la vuelta, a mirar su rostro, que ya no era el de una mujer hermosa, sino muchos a la vez. La reconocía a ella, pero también a Caetano y a otros muchos

---

Desde luego: por supuesto.

Ganar tiempo: hacer algo más rápido de lo esperado.

Garra: extremidad animal. Los leones tienen garras.

seres que habían dado forma anteriormente a ese monstruo cuyo aliento **apestoso** sentía ahora en mi cara. Había un rostro todavía más viejo que los demás detrás de todos esos que me parecía ver simultáneamente frente a mí. Sus ojos verdes se habían transformado en dos círculos de fuego.

–Dámelo –gritó una voz que parecía provenir de un tiempo muy lejano.

Yo iba a ceder. Me estaba ahogando. Pero de pronto se abrió la puerta. Alguien entró. Era un camarero, que avanzaba con un carrito donde se veían unas botellas y unas copas. Trémor saltó a por ese pobre camarero que se había detenido, aterrorizado, contemplando la escena. Aquella era mi única oportunidad. Me levanté de un salto mientras veía como Trémor mordía la garganta del camarero y escuchaba el ruido de su cuello al romperse. Me dirigí hacia la puerta de la terraza, todavía abierta. Salté.

Apestoso: que apesta, que huele muy mal.

XVI

SALÍ del fondo de la piscina tan rápido como pude. Pensé que Trémor me estaría esperando fuera para matarme, pero no estaba. Miré hacia la habitación y le vi mirándome desde la terraza. Había una sonrisa en sus labios. Salí del agua y corrí hacia la puerta del hotel. No sabía qué hacer, pero vi que unos clientes llegaban en ese momento y detenían el coche frente a la puerta. Me dirigí a la puerta del conductor y sin pensarlo la abrí. Un hombre muy elegante me miró sorprendido. Yo le cogí de la cabeza y lo saqué del coche. Una mujer ocupaba el otro asiento. Al verme entrar en el coche gritó.

–¡Fuera de aquí! –le grité y ella, temblando, abrió la puerta y se tiró hacia afuera mientras yo arrancaba el coche y salía a toda velocidad del hotel.

No recordaba el camino por el que habíamos venido, pero solo había una carretera, así que era imposible confundirse. Tenía que llegar a la casa de Tomasinha antes que Trémor. ¿Estarían muertas?

Nunca antes he corrido tanto con un coche, pero me sentía culpable y desesperado. De pronto había entendido que yo tampoco podría escapar nunca. Él me conocía, sabía lo que guardaba en mi poder y acabaría conmigo para recuperarlo. Mi única oportunidad de defenderme era luchar. María y Tomasinha habían tenido siempre razón. Atravesé el pueblo como un loco. La gente gritaba aterrorizada al ver el coche corriendo a esa velocidad y se apartaba hacia los lados.

Tenía que llegar a la casa de la vieja sacerdotisa. Por fin alcancé el camino y en pocos minutos estuve ante su puerta. Bajé del coche.

Dentro se escuchaba un ruido aterrador. Aquel zumbido. Cuando entré vi a María transformada en algo terrorífico. Sus ojos estaban inyectados en sangre, de su boca salían dos inmensos colmillos y con las garras en las que se habían transformado sus manos, luchaba contra unos seres imposibles, mitad murciélagos, mitad humanos, que volaban a una velocidad **endiablada** a su alrededor y adquirían forma de hombres y mujeres para golpearla, arañarla y morderla. Ella **estaba arrinconada** en una esquina.

–¡María! –grité.

Corrí hacia ella, pero tropecé con algo. Miré al suelo. Era el cuerpo de Tomasinha. Muerta. Aquellos seres se detuvieron al escuchar mi voz. Me miraban. Aquel zumbido se mantenía constante y terrorífico mientras ellos permanecían suspendidos en el aire a nuestro alrededor. María los miraba **jadeando**. Y entonces salieron volando todos hacia el exterior, como una nube **siniestra**, por la puerta que yo había dejado abierta. Me acerqué a María. Sangraba por varias heridas, parecía **extenuada**; se había transformado en un ser de otro mundo, pero en el fondo de aquella fiera herida todavía podía reconocerla a ella.

–Trémor está aquí –le anuncié.

–Lo sé –me contestó–. ¿Por qué has venido?

–Muérdeme, María. Lucharé.

–Es demasiado tarde.

–No lo es. ¡Muérdeme! –grité lanzándome a por ella, que me rechazó empujándome contra una pared.

El golpe me dejó sin respiración. La miré. Ella se aproximó al cuerpo sin vida de Tomasinha. Tomó su mano. La miró. Y entonces, con una velocidad que apenas me permitió ver cómo se aproximaba hasta mí, supe que estaba a mi lado y sentí en mi cuello un mordisco

---

Endiablada: alocada.

Estar arrinconado: estar en un rincón sin poder salir.

Jadear: respirar de forma forzada.

Siniestra: oscura, que da miedo

Extenuada: agotada, muy cansada.

profundo y doloroso. Terrible. Nunca antes había experimentado un dolor como aquel. No era un dolor físico. Sentí cómo desde mi cuello crecía en mí una mancha oscura, tenebrosa. Algo se apoderaba de mí y ese algo, frío y aterrador, se desplazaba por mi sangre transformándola en un líquido espeso.

No podía respirar, me ahogaba. Mis recuerdos se borraban. Todo aquello que yo había sido hasta entonces dejaba de parecerme real. El mundo se poblaba de sonidos a mi alrededor y percibía cosas que nunca antes había percibido. Dejé de respirar. Sentí que había muerto, pero sin perder la vida, transformándome en otra cosa. Abrí los ojos. María ya no estaba a mi lado. Se encontraba en el centro de la habitación y frente a ella estaba Trémor. Ahora lo veía en toda su grandeza. Sentía toda su maldad. Una luz roja lo rodeaba, era la energía inmensa que desprendía su poder. Y frente a él se encontraba María. Herida, débil. Sentí en ella esa presencia de la muerte de la que había hablado Tomasinha. Supe que no tenía ninguna esperanza. Busqué el frasco con la sangre de Nosferatu que tenía guardado en mi bolsillo. Lo abrí y bebí.

Trémor se había lanzado con toda su **bestialidad** infinita hacia María y ella no había podido resistirlo. Después de intentar golpearlo sin éxito, él la había agarrado por el cuello y la había lanzado contra un muro con tanta fuerza que escuche el **crujido** de sus huesos destrozados. No sentí nada. Ni pena, ni dolor. Ella ya no estaba. Tenía que enfrentarme yo a la bestia. Trémor me miró. Sonreía una vez más.

–Nunca debiste venir a esta fiesta –escuché que decía.

–No podía perdérmela –sentía en mí una fuerza sin límites, un poder nuevo y **arrasador**. Quería luchar.

Él se lanzó a por mí a una velocidad imposible, pero yo era tan veloz como él. Me escapé de sus garras y arañé su rostro con las mías. Rugió y sentí un dolor agudo en mi espalda. Se había colocado

---

Bestialidad: brutalidad, fuerza incontrolada y cruel.

Crujido: ruido que se hace cuando se rompe alguna cosa.

Arrasador: que puede con todo.

detrás de mí cuando yo todavía sentía cómo se desgarraba su piel en mis uñas. Salté girando sobre mí mismo y mordí uno de sus brazos arrancándole la piel. Él ya no estaba allí. Estaba sobre mí, de nuevo, y ahora tenía mi cuello entre sus manos. Traté de apartarme, pero no pude. Él se inclinó sobre mí. Me mordió. Noté cómo sus colmillos atravesaban mi carne. Ardían. La fuerza me abandonaba. Supe que aquel era el fin. Pero de pronto cedió. Pude percibir cómo aquella inmensa energía maligna que habitaba dentro de él lo abandonaba. Noté su peso muerto sobre mi cuerpo. Lo empujé y cayó de lado. Entonces la vi a ella detrás de él, era María, con el rostro destrozado, sangrando por todas sus heridas, tumbada en el suelo pero con los ojos abiertos y con una mano en la espalda del cuerpo de Trémor. Me fijé en esa mano. Tenía el amuleto de su cuello agarrado por uno de sus extremos. El otro extremo lo había clavado en el corazón de la bestia. Lo había matado con el colmillo de Nosferatu.

... y ahora tenía mi cuello entre sus manos.

Epílogo

¿Qué siente un hombre al transformarse en vampiro? Nada. Ese es, seguramente, nuestro castigo, el precio que pagamos por nuestra vida eterna. Ver cómo se **desintegraba** a mis pies el cuerpo de Trémor no provocó en mí una satisfacción mayor que la que me ofrece desde entonces el alimentarme de la sangre de un ave, un perro, una rata o un hombre.

Saber que María estaba salvada, que tardaría poco tiempo en recuperarse de sus heridas y que a partir de entonces compartiríamos aquella casa en la isla de Tinharé, tampoco me producía ninguna emoción. Era conveniente y sabía que ocurriría. También sabía que ella, después de haber probado la muerte, estaba condenada a morir algún día. Yo no. Viviríamos juntos hasta entonces.

Yo la protegería. Su debilidad, su condena, era lo único que despertaba en mí algo parecido a un sentimiento. Viajé a Europa para apoderarme de la sangre del primer vampiro que Trémor guardaba en su castillo y con ella en mi poder, me declaré ante todos el nuevo heredero del primer vampiro. Tenía la sangre y el colmillo y yo no sería tan débil y **torpe** como mi **antecesor**. Nadie me la robaría. Todos reconocieron mi poder, pero no quise quedarme allí. Regresé a Brasil, a Salvador, a Tinharé, con María.

Antes he dicho que el precio que pagamos los vampiros por la eternidad es el de no sentir nada. No es del todo cierto. Hay algo que sí sentimos, que sí puede transmitirnos algo similar a una

---

Desintegrarse: deshacerse, convertirse en polvo.

Torpe: poco hábil.

Antecesor: alguien que ha ocupado antes una misma posición.

emoción: la música. Desde el día en que Trémor murió, he aprendido muchas cosas. Es posible que yo sea, de hecho, el ser más sabio que habita este planeta, pero todavía despierta algo extraño en mí esa música brasileña que un día me hizo venir a este país a encontrarme con mi destino.

Admiro profundamente, por ejemplo, más cuanto más lo escucho, a Vinicius de Moraes. Tengo incluso una canción favorita entre las suyas: "**Sao demais os perigos desta vida**".

Sao demais os perigos de esta vida: (en portugués). Título de una canción de Vinicius de Moraes. En español: "Son demasiados los peligros de esta vida".

DESPUÉS DE LA LECTURA

COMPRENSIÓN LECTORA

1. Elige las respuestas acertadas después de leer los capítulos VII a XVI.

VII

1. Doménico le pide a Julio:
- ☐ *a)* que le deje guardar el frasco como recuerdo.
- ☐ *b)* que le permita investigar lo ocurrido en la casa.
- ☐ *c)* que tire el frasco a la basura y se olvide de todo lo ocurrido.

2. Doménico y Julio esconden el frasco:
- ☐ *a)* en la habitación.
- ☐ *b)* en una de las maletas de Julio.
- ☐ *c)* en un almacén del sótano del hotel.

VIII

1. Después de lo ocurrido:
- ☐ *a)* Julio recupera su rutina habitual.
- ☐ *b)* Julio tiene miedo de todo y no se atreve a alejarse del hotel.
- ☐ *c)* Doménico tiene miedo de todo y no se atreve a alejarse del hotel.

2. Durante su investigación, Doménico va a la casa y:
- ☐ *a)* no ve nada de lo que Julio le había contado.
- ☐ *b)* ve él también a la chica y se enfrenta a ella.
- ☐ *c)* ve a un vecino entrando en la casa.

IX

1. Cuando Julio decide volver a salir por la ciudad:
- ☐ *a)* encuentra a María y ella le pide perdón por el susto del día anterior.
- ☐ *b)* consigue olvidarse de María hasta que vuelve a verla entre la multitud.
- ☐ *c)* encuentra a María con su padre, que se llama Caetano.

2. Caetano y Julio se conocen:
- ☐ *a)* en un bar, tomando *caipirinhas*.
- ☐ *b)* en una casa en ruinas.
- ☐ *c)* en un callejón que conduce a la casa de Caetano.

X

1. Julio se despierta:
   - ☐ *a)* en la habitación de su hotel. Todo ha sido un sueño.
   - ☐ *b)* en la casa de Caetano. Se quedó dormido después de la segunda *caipirinha*. Todo ha sido una pesadilla.
   - ☐ *c)* en el mismo sótano donde vio a María sobre un cadáver.
2. María le dice a Julio:
   - ☐ *a)* que no quiere matarlo, que le necesita.
   - ☐ *b)* que ella es la reina de los vampiros.
   - ☐ *c)* que Caetano y ella son amigos.

XI

1. Junto al faro, María le cuenta a Julio:
   - a) que está enamorada de él.
   - b) la muerte de su padre.
   - c) que tenía dos hermanos y los dos murieron.
2. El frasco con la sangre
   - ☐ *a)* había desaparecido.
   - ☐ *b)* lo encontraron y María se bebió la sangre de su interior.
   - ☐ *c)* seguía escondido en el mismo sitio.

XII

1. Julio y María caminaron hacia el hotel y:
   - ☐ *a)* vieron todas sus luces encendidas.
   - ☐ *b)* vieron a una bandada de murciélagos atacando a Doménico.
   - ☐ *c)* vieron a Caetano muerto en el vestíbulo de recepción.
2. Tomasinha
   - ☐ *a)* es la madre de María.
   - ☐ *b)* es un vampiro.
   - ☐ *c)* es una sacerdotisa de los *orixas*.

XIII

1. El padre de María la mordió:
   - ☐ *a)* porque no la quería.
   - ☐ *b)* porque tenía hambre.
   - ☐ *c)* porque solo quien ha sido mordido puede luchar contra Nosferatu.

2. María

- [ ] *a)* es hija y nieta de vampiros.
- [ ] *b)* es la nieta de Trémor.
- [ ] *c)* es la novia de Julio.

XIV

1. Tomasinha le dice a Julio que:

- [ ] *a)* tiene que ser él quien se enfrente a Trémor.
- [ ] *b)* María puede enfrentarse a Trémor pero no quiere.
- [ ] *c)* no es necesario enfrentarse a Trémor.

2. María perdió la inmortalidad por:

- [ ] *a)* alimentarse de ratones.
- [ ] *b)* enamorarse de un mortal.
- [ ] *c)* beber la sangre de un mendigo muerto.

XV

1. Cuando Julio se marcha de la casa de Tomasinha:

- [ ] *a)* se lleva el frasco con la sangre de Nosferatu.
- [ ] *b)* deja el frasco en la casa.
- [ ] *c)* le dice a Tomasinha que se beba ella esa sangre.

2. La mujer del aeropuerto era:

- [ ] *a)* una antigua amante del padre de María.
- [ ] *b)* la madre de María.
- [ ] *c)* Trémor.

XVI

1. Cuando Julio se marcha de la casa de Tomasinha:

- [ ] *a)* se lleva el frasco con la sangre de Nosferatu.
- [ ] *b)* deja el frasco en la casa.
- [ ] *c)* le dice a Tomasinha que se beba ella esa sangre.

2. María mata a Trémor.

- [ ] *a)* con una estaca.
- [ ] *b)* haciéndole comer ajos.
- [ ] *c)* con el colmillo de Nosferatu.

Epílogo

Julio, al final de la novela:

- [ ] *a)* vuelve a su país y olvida todo lo ocurrido.
- [ ] *b)* decide casarse con María.
- [ ] *c)* se transforma en el nuevo amo de los vampiros.

GRAMÁTICA Y VOCABULARIO

1. **Sustituye los tiempos verbales en negrita –que están en infinitivo– por tiempos verbales en una forma de pasado: indefinido o imperfecto.**

Mi padre **instalarse (a)** .... en Salvador y construirse **(b)** .... una casa, pero pronto **darse (c)** .... cuenta de que el océano **ser (d)** .... una barrera muy débil contra Trémor y sus esclavos. Después de unos años en la ciudad **escoger (e)** .... otro lugar más apartado donde vivir escondido, la isla de Tinharé. Allí **vivir (f)** .... oculto y solo **compartir (g)** .... su secreto con Tomasinha, la sacerdotisa, a quien **conocer (h)** .... siendo una niña. Ella **saber (i)** .... siempre que él no **ser (j)** .... un hombre como los demás. Mi padre vivió muchos años allí, nunca **alimentarse (k)** .... de sangre humana como lo **hacer (l)** .... todas esas fieras. Siempre **hacerlo (m)** .... con la sangre de los animales que **cazar (n)** ....

1.1. **¿Qué tiempo verbal predomina en el fragmento? Intenta explicar por qué.**

....

....

....

....

....

....

2. **Completa las siguientes oraciones utilizando las preposiciones *por* y *para*.**

a. Julio viajó a Salvador de Bahía .... conocer Brasil y entender su música.

b. El avión casi se estrella .... unas turbulencias.

c. Doménico prestaba poca atención a su trabajo en el hotel .... su interés en la investigación.

d. Julio fue al caserón abandonado .... recuperar su maleta.

e. María viajó a Portugal .... buscar la sangre de Nosferatu guardada por su abuelo.

f. Trémor mató al abuelo y el padre de María .... haber robado la sangre y el colmillo del primer vampiro.

g. Tomasinha fue asesinada .... los esclavos de Trémor.

h. Julio saltó .... la terraza .... escapar de Trémor.

i. Julio condujo muy rápido .... la carretera .... llegar a la casa de la sacerdotisa.

j. .... Julio, María era una chica normal, hasta que la vio junto a un cadáver.

3. Completa las siguientes frases con los verbos *ser* o *estar*.

a. María .... una vampira.

b. Julio .... un enamorado de la música brasileña.

c. Salvador de Bahía .... una ciudad brasileña, ... en el noreste del país sudamericano.

d. Los siervos de Trémor .... esperando a María cuando ella llega a Salvador.

e. Julio .... hospedado en un hotel con vistas al mar.

f. Doménico .... el recepcionista del hotel de Julio.

g. La mayor fiesta que puedes vivir en Brasil .... el Carnaval.

h. Las calles del Pelourinho .... pintadas de muchos colores.

4. Imagina que eres el señor que estaba sentado junto a la ventana en el avión y que en realidad no estabas dormido, como suponía Julio. Al contrario, estabas despierto y escuchaste esta breve conversación que mantuvo con María.

> –¿Eres brasileña? –preguntó Julio.
>
> –Sí –le contestó María
>
> –Es la primera vez que viajo a tu país –le dijo él.
>
> –No hablo bien el español –le respondió ella.

4.1. Cuando llegas a casa, quieres contarle a tu hija lo que dijeron esos dos chicos que viajaban contigo. Utiliza el estilo indirecto para hacerlo.

4.2. ¿Qué elementos, aparte de los tiempos verbales, han cambiado al transformar el diálogo al estilo indirecto? ¿Podrías explicar por qué?

5. El léxico vampírico es muy amplio. Relaciona las palabras de la columna de la izquierda con aquello que se supone que representan en el contexto de las historias de vampiros.

a. Ajos	1. Con ellos muerden a las víctimas.
b. Colmillos	2. La poseen.
c. Estaca	3. Es su alimento.
d. Ataúd	4. No resisten mirarlo.
e. Murciélago	5. Es donde viven.
f. Castillo	6. Duermen en uno.
g. Noche	7. Despiertan cuando llega.
h. Crucifijo	8. Es el animal que los representa.
i. Sangre	9. Mueren si se la clavas en el corazón.
j. Inmortalidad	10. Sirven para mantenerlos alejados.

5.1. ¿Qué otras palabras se te ocurren relacionadas con el mundo de los vampiros?

5.2. Completa las siguientes frases con las palabras de la primera columna del ejercicio.

a. En mi casa siempre hay colgada una ristra de .... sobre la puerta.

b. Cuando llegaba el día, Nosferatu se retiraba a dormir en su ....

c. Quiso convertirse en vampiro, para disfrutar de la ....

d. Cogió un martillo y una .... y se dirigió al lugar donde dormía para matarlo.

e. El campesino, al verlo acercarse a él, cogió el .... que llevaba colgado al cuello y se lo mostró. El vampiro no pudo atacarlo.

f. Cuando llega la noche y salen de sus escondites, sobrevuelan la ciudad transformados en ....

g. Cuando sentí su .... en mi cuello, supe que estaba perdido.

h. Son insaciables, siempre necesitan más y más ....

i. La .... es su dominio. Durante el día se esconden.

j. Nunca te acerques a ese .... Nadie ha vuelto vivo de allí.

6. Como habrás observado, el vampiro de esta novela puede adoptar distintas formas físicas (como Trémor, como Caetano, como la mujer del aeropuerto). Intenta describir ahora tú a un vampiro tal como lo imaginas. Recuerda que, para describir físicamente, en español se utilizan los verbos *ser*, *estar*, *llevar* y *tener*.

- Si las cualidades que describes son permanentes debes utilizar los verbos *ser* y *tener.*
- Si las cualidades que describes son momentáneas debes utilizar los verbos *estar* y *llevar.*

Por ejemplo: *la mujer del aeropuerto tiene unos inmensos ojos verdes, es muy atractiva, lleva un vestido rojo que parece una túnica y está de pie, en el aeropuerto...*

6.1. Comparte la descripción de tu vampiro con las de tus compañeros. ¿Cuál da más miedo?

EXPRESIÓN ORAL

Después de la lectura, seguro que hay muchas cosas de las que te gustaría hablar con tus compañeros. Te proponemos algunos temas:

1. ¿Qué te ha parecido la historia? ¿Has comprendido todo el argumento?

2. ¿Qué parte te ha parecido más sorprendente o te ha dado más miedo?, ¿te esperabas ese final?

3. Seguro que antes de esta, has leído alguna otra historia de vampiros o has visto alguna película sobre este tema. De hecho, si consultas en la Wikipedia la filmografía sobre el tema verás que se han hecho más de cien películas sobre Drácula y los vampiros, aunque todas ellas tienen un mismo origen: la novela escrita por el irlandés Bram Stocker en 1897. ¿Qué versiones conoces tú? ¿Cuál de todas te gusta más?

4. Dentro del mito de los vampiros hay algunas cosas que no están del todo claras. Intentad explicar debatiendo en clase el porqué de los siguientes tópicos:

- Los vampiros no pueden ver la luz.
- Los vampiros duermen en ataúdes.
- Los vampiros solo mueren si se les clava una estaca de madera en el corazón.
- Los vampiros beben sangre humana, pero no de animales.
- Los vampiros son guapos y seductores, hasta que llega la hora de matar a su víctima.

5. Después de todo lo que habéis visto y leído sobre los vampiros, os proponemos una actividad común: ver en clase Drácula, de Bram Stocker (dirigida por Francis Ford Coppola en 1992) y la primera parte de la Saga Crepúsculo (dirigida por Catherine Hardwicke en 2008). ¿Cuál de las dos os parece más interesante? Debatid en clase.

6. Para terminar: ¿crees en los vampiros?

EXPRESIÓN ESCRITA

1. Escribe un resumen de la novela en diez líneas.

2. El día que los vampiros atacan el hotel matan a mucha gente, además de acabar con la vida de Doménico. Cuando María y Julio se marchan, ven llegar las ambulancias y los coches de policía. Imagina que eres periodista y vas a ese hotel junto con la policía. Escribe una noticia breve acerca de lo que ves allí. ¿Cómo titularías la noticia?

3. Como sabes, Julio termina la novela transformado en el líder de los vampiros. Sigue viviendo en Morro de Sao Paulo y comparte su vida con María. Escribe una narración breve imaginando como será su vida en común a partir de ese momento.

SOLUCIONARIO

ANTES DE LA LECTURA

3. a. V; b. F; c. F; d. V.

DURANTE DE LA LECTURA

1. **I.** a. F; b. V; **II.** a. F; b. V; **III.** a. F; b. V; **IV.** a. V; b. V; **V.** a. V; b. V; **VI.** a. V; b. F.

DESPUÉS DE LA LECTURA

Comprensión lectora

1. **VII:** 1. b; 2. c. **VIIII:** 1. b; 2. a. **IX:** 1. b; 2. c. **X:** 1. c; 2. a. **XI:** 1. b; 2. c. **XII:** 1. b; 2. c. **XIII:** 1. c; 2. a. **XIV:** 1 .a; 2. c. **XV:** 1. a; 2. c. **XVI:** 1. a; 2. c. **Epílogo**: 1. c.

Gramática y vocabulario

1. a. se instaló; b. se construyó; c. se dio; d. era; e. escogió; f. vivió; g. compartió; h. conoció; i. supo; j. era; k. se alimentó; l. hacían; ll. lo hizo; m. cazaba.

1.1. Pretérito indefinido. Porque expresa acciones concluidas en el pasado, en un periodo de tiempo ya terminado.

2. a. para; b. por; c. por; d. para; e. para; f. por; g. por; h. por / para; i. por / para; j. Para

3. a. es; b. está; c. es / está; d. están; e. está; f. es; g. es; h. están.

5. a. 10; b. 1; c. 9; d. 6; e. 8; f. 5; g. 7; h. 4; i. 3; j. 2.

5.2. a. ajos; b. ataúd; c. inmortalidad; d. estaca; e. crucifijo; f. murciélagos; g. colmillo; h. sangre; i. noche; j. castillo.

TÍTULOS DE LA COLECCIÓN

Los libros perdidos

Mónica Parra Asensio.

ISBN: 978-84-9848-433-5
ISBN: 978-84-9848-434-2 (con CD)

El monstruo del Lago Ness

Albert V. Torras.

ISBN: 978-84-9848-435-9
ISBN: 978-84-9848-436-6 (con CD)

Gaudí inacabado

Jordi Pijuan Agudo y Paloma Rodríguez León.

ISBN: 978-84-9848-229-4
ISBN: 978-84-9848-230-0 (con CD)

Los fantasmas del palacio de Linares

Manuel Rebollar Barro.

ISBN: 978-84-9848-231-7
ISBN: 978-84-9848-232-4 (con CD)

El secreto de los moáis

Miguel Ángel Rincón Gafo.

ISBN: 978-84-9848-233-1
ISBN: 978-84-9848-234-8 (con CD)

El comienzo del fin del mundo

Sergio Reyes Angona.

ISBN: 978-84-9848-116-7
ISBN: 978-84-9848-117-4 (con CD)

Muérdeme

Miguel Ángel Rincón Gafo.

ISBN: 978-84-9848-374-1
ISBN: 978-84-9848-375-8 (con CD)

Las tinieblas de Salamanca

Raúl Galache García.

ISBN: 978-84-9848-376-5
ISBN: 978-84-9848-377-2 (con CD)